DE L'EGO À L'INCOGNITO

DE L'EGO À L'INCOGNITO

Écrits akklésiastiques

TOME 4

Ivsan Otets

{ akklesia.eu · akklesia.fr · akklesia.com }

© 2023, Ivsan Otets

Édition : BoD - Books on Demand, info@bod.fr
Impression : BoD - Books on Demand, In de Tarpen 42, Norderstedt (Allemagne)

Impression à la demande
ISBN : 978-2-3220-4398-9
Dépôt légal : Février 2023

SOMMAIRE

Avertissement 9

Prologue
    Quand doit arriver le Messie ? 11

I - De l'ego...
    À propos de l'enfer (bis) 15
    Opinionistes et faux-penseurs 21
    La soumission 37
    Encore l'amour 51
    Consolation pour créatifs 57
    Les quatre cœurs 61

II - ...À l'incognito
    De la connaissance de Dieu... 71
    L'énigme du bonheur 119
    Du fils prodigue 123
    Les conviés rejetés 131

Épilogue
    La porte des fruits 141

Avertissement

Nous poursuivons la publication des textes élaborés par Ivsan Otets depuis le début des années 2000, textes jusqu'ici uniquement disponibles en ligne.

La ligne thématique suivie par le présent tome 4 est celle d'un cheminement individuel qui, bien que partant du même point, diffère de la traditionnelle et universelle accession à la sagesse ou à la réussite.

Celui qui marche attentivement avec le Christ se verra fort probablement, un jour ou l'autre, invité à prendre une bifurcation inattendue vers l'« incognito ».

À travers les écrits qui suivent, nous tentons d'expliquer cette excursion vers l'incognito à laquelle Dieu convie celui, celle qui s'est attaché(e) à lui.

Ivsan & Dianitsa Otets

PROLOGUE

Quand doit arriver le Messie ?
Aux certains

Nous trouvons dans les Évangiles le texte suivant fort énigmatique :

> Ils amenèrent à Jésus l'ânon, sur lequel ils jetèrent leurs vêtements, et Jésus s'assit dessus.
> Beaucoup de gens étendirent leurs vêtements sur le chemin, et d'autres des branches qu'ils coupèrent dans les champs. Ceux qui précédaient et ceux qui suivaient Jésus criaient : Hosanna !
> Béni soit celui qui vient au nom du Seigneur !
> Béni soit le règne qui vient, le règne de David, notre père ! Hosanna dans les lieux très hauts !
> Jésus entra à Jérusalem, dans le temple.
> Quand il eut tout considéré, comme il était déjà tard, il s'en alla à Béthanie avec les douze.[1]

Ainsi donc, le Christ entre à Jérusalem, et même dans le Temple ! Puis, regardant autour de lui, **comme il était déjà tard**, il s'en va, à Béthanie, avec les douze. Quelle déception ! Il y avait là une ribambelle de gens bien intentionnés *a priori*, ils étendaient même leurs vêtements sur le sol foulé par le Christ, lançant, en veux-tu en voilà, des « sauve-nous, sois béni, gloire... » et patati et patata ! Combien, parmi eux, se

---
[1] Évangile selon Marc, chapitre 11.

sont trouvés dans la foule, toujours à Jérusalem, quelques jours plus tard, vociférant : « Crucifie, crucifie-le ! »

Bref, voulez-vous réentendre les Hosanna, revoir une telle scène d'enthousiasme ? Rien n'est plus simple. Il vous suffit de vous rendre dans les églises et autres conventions du « paganisme chrétien » ; là, une masse de gens crient toujours, plusieurs siècles après, ils crient que le Christ reviendra une seconde fois sur cette terre de misères ; ils crient, instruments électriques à l'appui cette fois, de sorte à faire un raffut bien plus considérable.

Cependant, le Christ ne revient pas, pas même ému par ces hommes désormais capables de rassembler des masses bien plus nombreuses, et de beugler des Hosanna dans les micros, sur le net et les chaînes télévisées des cinq continents. Et d'ailleurs, le Christ ne reviendra pas sur terre ! La chose est bien dite dans le texte cité plus haut : **comme il était déjà tard**, il s'en alla à Béthanie avec les douze.

Or, les Écritures, dès la GENÈSE, nous disent que les jours commencent le soir et finissent à l'aube : « Il y eut un soir, et il y eut un matin : ce fut le sixième jour. » L'humanité vit précisément dans ce sixième jour – depuis des millénaires ! Et la venue du Christ a annoncé la fin de ce jour, c'est-à-dire, son aube, pour reprendre les termes de la GENÈSE. Une aube qui a dès lors un double sens puisqu'elle annonce la fin du sixième jour, qui est la réalité terrestre – de fait et à nos yeux, son crépuscule ; mais, du côté du Christ, elle est l'aube du *jour-à-venir*, soit donc, de l'autre réalité, celle de la Résurrection.

Ainsi, la venue du Christ a déjà eu lieu, l'aube a déjà été annoncée, l'aube a déjà commencé : il y a 2000 ans ! Ce jour a débuté par son entrée dans le Temple, à Jérusalem ; et depuis ce jour, depuis cette aube – le Christ est à Béthanie. Il est dans l'incognito. Et ceux de Béthanie savent que **l'aube ne se lève jamais deux fois.** Le Christ ne viendra pas une seconde fois puisque l'aube du jour à venir s'est déjà levée, là-bas, à Béthanie ! C'est pourquoi, les gens de Béthanie, de même que l'Esprit du Christ, disent donc aux hommes : « Viens. Viens à Béthanie ; l'aube arrivera pour tous, pour toi aussi, viens donc te réfugier dans l'incognito du Christ, dans les ténèbres de la foi, et quitte cette masse qui claironne vers le ciel, elle qui se croit capable de saisir l'éclair. »

Les gens de Béthanie vont donc vers l'aube, vers cet instant où l'Esprit leur dira personnellement : « Viens ! » C'est-à-dire, « Ressuscite ! L'aube est passée, les jours de la terre et du ciel sont achevés, le septième jour dans lequel tu as persévéré vient de se clore pour toi. Un jour nouveau, sans fin, est arrivé, non sur la terre qui n'est plus, mais dans ma maison, derrière le ciel qui s'est ouvert pour toi. Entre. » Et pour ceux qui claironnent leurs Hosanna me direz-vous, qu'en sera-t-il ? Je ne puis que leur répondre le mot de FRANZ KAFKA :

> Le Messie ne viendra que lorsqu'il ne sera plus nécessaire, il ne viendra qu'un jour après son arrivée, il ne viendra pas au dernier, mais au tout dernier jour.[2]

---

2 FRANZ KAFKA, *Méditations sur le péché, la souffrance, l'espoir et le vrai chemin.*

I - DE L'EGO...

À propos de l'enfer (bis)
À l'attention des mal connus

« L'HOMME A PLUS DE CHANCES de se sauver par l'enfer que par le paradis » disait EMIL CIORAN, parce que « la tyrannie brise ou fortifie l'individu, tandis que la liberté l'amollit et en fait un fantoche ». Aux dires du philosophe roumain la souffrance serait donc un ami sur le chemin du paradis désiré ; bien plus, la crainte de souffrir et la recherche continuelle du confort nous en fermeraient les portes. Faut-il donc se flageller et retourner aux sévères mortifications que prônent les ascèses religieuses et moralistes ? La souffrance serait-elle une transaction avec le ciel pour qu'il nous ouvre ses portes ? Mais en ce cas, les adeptes d'un tel système trouvent leur joie ici-bas en souffrant ; étant désormais les héros de la justice divine, souffrir devient pour eux un bonheur. Aussi ne souffrent-ils pas en vérité, leurs humiliations leur étant aussi nécessaires que le bien-être l'est pour l'homme du commun. De telles différences de vues à propos du *suprême mal* sont étonnantes ; ce n'est donc qu'en posant directement la question à chaque individu en particulier qu'on saura ce qu'il considère être pour lui l'enfer et le paradis. Et c'est ainsi que l'homme tombe dans un piège ! En effet, dès l'instant où l'individu parle de ce qui est pour lui la plus terrible des choses, dès qu'il définit l'enfer en somme, il exprime un jugement de **valeur** sur la vie : « Dis-moi donc, ô homme, ce qu'est cet enfer que tu fuis, dis-le-moi donc, lui dit la vie, et moi, je te jugerai sur ta réponse. » L'enfer d'un homme crie sa vérité sur la vie, de sorte qu'« il faut juger un homme à son enfer » (MARCEL ARLAND) ; et toutes les stratégies qu'on imagine pour fuir cet enfer qu'on croit avoir cerné sont autant de techniques qui servent à la vie pour nous y jeter.

Il s'ensuit que les représentations de l'enfer sont innombrables puisque chaque homme fuit le sien propre. « L'enfer, c'est les autres », lançait SARTRE ; ailleurs, PRIMO LEVI parlait de l'enfer comme d'un lieu « où il n'y a pas de pourquoi ». Même la bête et le végétal ont une idée de l'enfer, et si aucun des deux ne sait la verbaliser, l'animal fuit pourtant continuellement son prédateur tout en cherchant sa sécurité dans un groupe ou une tanière, de même que la plante s'écarte des ténèbres et tend sans cesse vers la lumière. Que ferai-je alors ? Suis-je donc, moi aussi, obligé de juger la vie, c'est-à-dire de m'écarter de ce qu'elle a de pire à mes yeux et de chanter ce qu'elle a de meilleur ? Et si je me dérobe à cette tâche et me tais, mes actes et mes choix durant ma vie parleront plus fort que mon silence. Irai-je me réfugier dans la folie ? Me cacherai-je dans l'enfance, dans le divertissement ou la prospérité pour étouffer la question ? Ne serai-je pas alors jugé comme lâche ? Que faire donc ? Comment la vie pourra-t-elle dévoiler mon bonheur et démasquer l'enfer qui se tapit sur mon chemin ? Car l'un porte si aisément le masque de l'autre, et vice versa. La question est abyssale, enivrante, démesurée. Et n'est-ce pas finalement en tombant dans le vide de sa propre ignorance que nous sommes enfin disposés à entendre une réponse ? Je ne sais, mais ce que je sais c'est ce que j'ai entendu à ce moment-là : « **Jamais je ne vous ai connus**, éloignez-vous de moi », disait le Nazaréen à tous les théoriciens du bonheur et de l'enfer, à tous les faiseurs de miracles, les prophètes de la vérité et autres chasseurs de démons et fabricants d'abondance.

Étrange réponse de la part de cet étrange personnage qui traversa l'Histoire furtivement, comme un éclair. Le malheur misérable d'un homme, « **c'est que je ne le connaisse pas** » ; voici ce qu'osa affirmer le Christ aux hommes ! Le ton est d'ailleurs donné dès le début du texte biblique, lorsque Dieu disait à l'homme : « Où es-tu ? » (Gn 3⁹), signifiant par là que Dieu cherche celui qu'il ne connaît plus, c'est-à-dire l'homme, alors qu'il est devenu autre chose qu'un homme : il s'est perdu. L'écho de cet « où es-tu ? » se fait d'ailleurs entendre depuis lors par tous les humains, tant religieux qu'athées. Le malheur, disent-ils, c'est d'être perdu pour les autres, c'est de **ne pas être connu de son prochain**, ou plutôt de ne pas être reconnu, voire applaudi, ou du moins considéré et respecté, et si possible, un tant soit peu aimé par les uns et les autres. Mais pourquoi chercher avec tant de zèle à être connu de son prochain plutôt qu'à l'être par Dieu ? Tout simplement parce que c'est là une chose concrète, palpable, et qui demande surtout le moindre effort. C'est un simple travail de polissage de surface. Être connu et apprécié de son groupe, de sa tribu, de sa famille ou de son église encore, cela n'exige somme toute que de se conformer aux évidences et aux règles dudit groupe ; enfin, les gratifications qui en découlent – cet opium de la reconnaissance du peuple – étoufferont discrètement le murmure intérieur du Christ qui tourmente l'homme : « Ô homme, au moment de quitter les humains, te suffira-t-il d'avoir été connu mondialement si moi je ne t'ai pas connu ? » Car être connu de Dieu n'est pas lié à une simple histoire temporelle de l'*ici et maintenant*, cela touche à ce qui échappe au temps, à l'infini : « Avant de t'avoir formé dans le ventre de ta mère, **je te connaissais** (Jér 1) », répondait Dieu au jeune prophète inquiet.

Il s'ensuit que l'athée, lui qui ne croit pas qu'on puisse être aimé avant d'avoir existé, suit étrangement la même hygiène de vie que le religieux qui prend pourtant le ciel à témoin de son élection. En effet, tout religieux, alors qu'il se persuade d'être connu d'en-haut, cherche à établir ce fait concrètement **dans** son existence, **dans** sa réalité, dans l'*ici et maintenant*; et en voulant faire descendre ainsi l'infini dans le fini, en voulant arracher le *royaume des cieux* jusqu'à terre, il en arrive finalement au même mode de vie que l'athée. Ce sont là deux frères qui fuient à toutes jambes la même idée de l'enfer qu'ils partagent : « L'enfer, c'est la solitude, c'est n'être pas reconnu en bas par les hommes ». Et pour le religieux, cette reconnaissance publique est une preuve, dira-t-il, de la reconnaissance divine, tandis que pour l'athée elle est une preuve de l'inutilité divine tant l'homme peut trouver seul son bonheur parmi les siens. Tous deux craignent donc avec angoisse la mise à l'écart du collectif dans lequel ils se sont patiemment intégrés. Ils répugnent à l'idée d'une vérité qui les **mettrait à part** au point de faire glisser leur vie dans la marginalité. Tel est bien pourtant le sens du vocable « saint », ainsi que l'explique THOMAS RÖMER dans son petit livre *Jérémie* : « Dans sa racine hébraïque une vigne est appelée **sainte** quand elle est en friche ; dès lors qu'on commence à l'exploiter, elle devient profane, car elle fait désormais partie de la vie quotidienne des hommes. [...] Que Jérémie soit sanctifié par Dieu signifie donc qu'il est mis à l'écart de la société, qu'il devient quelqu'un que nous appellerions aujourd'hui un marginal. »

Dès lors, incroyants et religieux prennent le risque de ne pas être connus **après** leur existence. Les premiers, en se persuadant que l'homme est un être fini, en méprisant l'infini caché en lui ; et les croyants, parce qu'ils se seront tricoté un dieu-infini mêlé de fini. Parce qu'embrasser l'infini **seul** serait laisser au divin trop de liberté par rapport au fini de la vie présente : jusqu'à permettre à Dieu de n'être jamais vu ni touché ici-bas. Séparer l'infini du fini c'est laisser Dieu libre de tout devoir qu'il aurait à rendre à la réalité. Par conséquent, le croyant se devrait de reconnaître que « le soleil se lève sur les bons comme sur les méchants », et que sa réalité ne peut exiger de Dieu d'être favorisée comme un droit théologique. L'infini ne doit rien au fini, c'est tout le contraire, et malheur à quiconque « use de violence » envers Dieu, cherchant à faire entrer le monde des preuves au ciel, là où précisément la relation de confiance suffit à deux êtres qui s'aiment. De fait, lorsque les athées et ces croyants par l'évidence entendront la Vie leur dire : « Jamais je ne vous ai connus, éloignez-vous de moi », chacun sera alors rendu **seul** à lui-même : sans réalité ni vis-à-vis autre que lui-même. Chacun vivra précisément l'enfer qu'il avait fui ici-bas, confirmant définitivement qu'« il faut juger un homme à son enfer » et que le leur « était pavé de bonnes intentions ».

A contrario, ceux pour qui l'infini prime sur tout, ceux qui ont été connus avant leur naissance et aspirent à l'être encore après leur mort, ceux qui reconnaissent que cet **à-venir est caché** ici-bas parce qu'il échappe précisément au temps présent – voici que leur vie se trouve cachée dans cet incognito qui vient. C'est pourquoi **ne pas être reconnu** par la réalité ne revêt aucun sens pour eux, tant la réalité ne connaît que les vérités qu'elle peut aspirer aux tentacules de ses preuves, les vérités visibles, les vérités charnelles. Les voici donc méconnus. Ils sont méconnus de leur prochain, méconnus des réalistes dont le chemin est pavé des bonnes intentions d'un bonheur direct. Ils vivent en ce monde dans une sorte de « mal connu », il vivent dans une façon de marginalité et de solitude sous-jacente. Aux yeux du pragmatique, qui se croit missionné pour faire reculer de tels malheurs, ces mal connus vivent dans une image de l'enfer. Ainsi entendent-ils de leurs proches ce lancinant reproche, cette mise en jugement continuelle et larvée qu'on ne cesse de leur répéter : « Éloigne-toi de nous, nous ne savons quelle sorte d'homme tu es, quelle sorte de femme tu es ; nous ne te connaissons pas ». Pourquoi trouvent-ils donc encore la force de vivre ? Parce qu'ils vont vers cet autre lieu, vers cet autre demain où le Nazaréen prendra leur main dans sa main, et leur dira, à la seconde personne du singulier : « Viens près de moi, car **je t'ai connu**, et tu seras désormais connu de tes frères ». Aussi Kierkegaard avait-il raison : « L'impossibilité de la communication directe est le secret de la souffrance du Christ[1] », et c'est aussi le secret de sa promesse, car elle ne se communique en ce monde que par la foi, se moquant bien des lumières de l'évidence.

---

[1] *L'école du christianisme*, partie II, chap. IV.

Opinionistes et faux penseurs
Hawking, Onfray & Cie

Transformer son opinion personnelle en vérité générale a toujours donné à celui qui y parvient une autorité certaine parmi les hommes. La difficulté n'est pourtant pas légère puisqu'il s'agit de métamorphoser une **possibilité** de vérité en vérité ; la probabilité d'une opinion en certitude. D'autant plus qu'une opinion n'est pas toujours une faible pensée de surface énoncée à la va-vite lors d'une conversation ; elle est même souvent bien plus complexe qu'un simple cliché populaire. En effet, elle peut être issue d'un mythe sophistiqué, de sentiments intimes et profonds, d'intuitions secrètes ou encore de vertueuses révoltes auxquelles un homme s'attache avec sérieux.

C'est pourquoi le penseur paraît toujours avoir un avantage considérable de crédibilité face à l'opinioniste. Ses capacités intellectuelles le prédisposent indiscutablement à procéder à la métamorphose magique de l'opinion en vérité définitive. Pour combler ce manque de compétence intellectuelle et de fondement culturel, et reprendre l'avantage sur le sage, l'opinioniste devra donc utiliser d'autres artifices que le raisonnement et la froide connaissance dont se sert le penseur. C'est généralement vers l'**Art du spectacle** qu'il se tourne ; le seul atout qui soit assez puissant pour attirer à lui l'auditoire. De fait, nul n'ignore combien la foule succombe avec une grande facilité au fruit affriolant et alléchant du spectacle. Humour, provocation, moquerie, calomnie, camouflet, mise à nu, caricature, jeu du ridicule… La panoplie dont dispose l'opinioniste pour faire son cinéma est si variée que l'équilibre entre les deux parties se retrouve bientôt. La foule pourra donner à l'opinion d'un homme de scène cette même dignité de vérité qui jusqu'alors ne revenait qu'à l'opinion intelligemment réfléchie dans les alambics du faux-penseur.

En termes de faux-penseur, prenons comme premier exemple le très renommé cosmologiste Stephen Hawking. Ses compétences scientifiques ont été présentées comme étant incontestables, et c'est revêtu de ces dernières qu'il est convaincu d'avoir apporté à son public la preuve de l'inexistence de Dieu. « Il nous est impossible de remonter plus loin que l'instant du *big bang*, dit-il, parce qu'avant, il n'y avait rien. Nous avons enfin trouvé quelque chose qui n'a pas de cause puisqu'il n'y avait pas de temps dans lequel cette cause aurait pu se produire. Pour moi, cela élimine la possibilité d'un créateur **parce qu'il n'y a pas de temps dans lequel ce créateur aurait pu exister.** »

Après avoir consciencieusement discouru sur des données scientifiques complexes, Hawking conclut avec un argument si maigre qu'un adolescent de seize ans pourrait le contredire tout en jouant à sa console de jeux. Pourquoi donc déploie-t-il tout un pataquès d'érudition pour finalement aboutir à dire une telle ânerie ? Tout simplement parce qu'il essaye de cacher le fait qu'il n'exprime là que **son opinion**. Tout le travail de HAWKING consiste à dérober à nos regards la réalité qu'il n'est qu'un opinioniste. Il s'agit pour lui de protéger le **pur enfant** et son opinion primitive derrière les murs et les forteresses d'un savoir de fer majestueux : l'astrophysique. Un savoir presque sibyllin, mais surtout – effrayant. HAWKING hurle son savoir afin d'épouvanter les éventuels adversaires. Il veut terrifier quiconque aurait l'audace de forcer sa citadelle pour s'adresser face à face et directement à l'enfant auprès duquel il a appris son opinion. Car il sait fort bien qu'une fois dénuée de ses protecteurs son opinion infantile n'aura plus rien de scientifique ; elle ne tiendra pas un instant devant la mise en question d'un homme qui pense.

« Dieu n'existe pas, parce qu'il n'y avait pas au commencement de temps dans lequel il aurait pu exister » nous dit le scientifique. Mais enfin, où a-t-il appris qu'il soit **obligatoire** que Dieu existe dans un temps ? N'est-ce pas là, au pied de son opinion primitive, qu'il s'est soumis à ce décret arbitraire forgé dans la fragilité de ses sentiments ? Pourquoi nous force-t-il à penser Dieu uniquement comme un être enfermé dans une chronologie ? N'avons-nous pas le droit de penser qu'il n'est en rien impossible pour Dieu d'exister hors du temps et d'être atemporel ? Et n'est-ce pas d'ailleurs le propre de Dieu d'être au-delà du temps de sorte qu'il puisse faire que *ce qui a été jamais n'a été* ? Aussi HAWKING n'a-t-il en rien prouvé l'inexistence de Dieu, mais il a plutôt élargi l'inaccessibilité de son mystère. De plus, il a montré combien le savoir scientifique était impuissant à combler cet abîme. Le pauvre cosmologiste a fait tout le contraire de ce qu'il voulait faire !

Assurément, *ce qui importe le plus* à Hawking, ce qu'il cherche à nous dissimuler, c'est qu'il veut régler son compte à Dieu. Or, **ce compte qu'il a avec Dieu**, c'est une affaire qui le regarde lui, et lui seul. Pourquoi mettre cela sur la place publique ? Car dès lors qu'il veut transformer le conflit intime qu'il a avec le divin en une vérité générale pour tous, et cela au nom de la science, non seulement il déshonore celle-ci en se l'accaparant pour servir ses intérêts privés – comme s'il en était le propriétaire ; mais, de surcroît, il se ridiculise lui-même en se montrant tel qu'il est en vérité : médiocre penseur et faux-penseur. Hawking est peut-être un homme respectable sur son terrain qu'est la Science, mais sur les terres du spirituel il est un enfant capricieux. Il émet une opinion personnelle confusément mijotée dès l'enfance, restée comme telle, qu'il tente ensuite d'habiller de maturité avec la cape sacerdotale de son savoir universitaire.

Certainement, dirait Chestov :

> Comme on rirait si au lieu de cacher soigneusement la source où il puise ses vérités, le dogmatique y amenait tout le monde. Car il sait que ses affirmations sont arbitraires et qu'il tient son droit à l'arbitraire plus qu'à tout le reste. [...] Et il ne peut garder ce droit que s'il parvient à dissimuler aux regards de tous ce qui lui importe le plus, et s'il n'en dit jamais mot à personne.[1]

C'est exactement le même schéma que reproduit le professeur de philosophie Michel Onfray. Lui aussi a un compte privé à régler avec le divin ; lui non plus n'en dit mot à personne ; et lui aussi prend en otage son statut de philosophe pour métamorphoser cette amertume personnelle en une

---
[1] L. Chestov, *Athènes et Jérusalem*, IVᵉ partie, XIV : Dogmatisme et scepticisme.

vérité générale, rêvant secrètement que tous s'y convertissent. Ainsi donc a de nouveau lieu la **régression**. De philosophe, ONFRAY se transforme en opinioniste : en faux-penseur.

Prenons comme exemple sa lecture du texte biblique de GENÈSE 3. Ce texte met en scène l'homme et la femme devant l'arbre du bien et du mal. Le professeur de philosophie en fait la lecture suivante :

> Quand Dieu dit : « *contente-toi de m'obéir* », il pose la loi. En disant : « *ne goûte pas à l'arbre de la connaissance et tu seras heureux, car si tu m'obéis, si tu es dans la foi, si tu ne cherches pas à savoir, si tu préfères la foi au savoir, si tu préfères la théologie à la philosophie, alors tu seras heureux, alors tu ne seras pas malheureux* » ; Dieu pose ainsi la loi et nous dit : « *Le malheur est arrivé parce que vous avez préféré savoir.* »[2]

Je ne sais si ONFRAY a réellement lu le texte d'origine tant son commentaire est sot. Un salmigondis. Une véritable démonstration d'antiphilosophie où l'on passe d'un concept à l'autre en modifiant leur valeur arbitrairement : obéissance, loi, connaissance, bonheur, théologie, philosophie, savoir, malheur, etc. Sa lecture est le type même du cliché d'opinion que formule à la va-vite le plébéien moyen. Il ne commente pas le texte ; ce qu'il veut, c'est **que le texte dise absolument son opinion !** Voilà précisément l'inclination, la tentation prééminente contre laquelle le véritable penseur doit continuellement lutter avec la meilleure discipline. Soit donc, ONFRAY est pathétique, car il nous propose finalement l'interprétation même de l'ecclésiastique moyen ! On entend ici l'enfant répéter une rengaine venue du fond de

---

2 *Contre-histoire de la philosophie*, Cycle 2, Coffret 3 : 11. Enfin Lorenzo Valla vint.

son éducation religieuse rigide, dont il ne s'est jamais libéré. Main dans la main avec les prêtres et les théologiens, il affirme que la Bible place la faute des hommes, d'abord dans la **désobéissance**, ensuite dans le **matérialisme scientifique**. Mais comme il ne sait pas réellement comment en arriver là avec le texte en question, il mélange tout et nous propose une sorte de compote, un bric-à-brac où les mots n'ont plus aucun sens : l'*obéissance* à une *Loi* de Dieu serait un acte de *Foi* – oups ! –, mais cette *Loi* est aussi une *Loi de non-savoir* – oups ! –, parce que la *Loi du savoir* serait, elle, synonyme de péché et de malheur. Mais enfin. Que faut-il faire ? Avoir la foi, c'est-à-dire ne pas se soucier de la loi et de sa logique ? Ou bien inventer une autre foi qui se soucie de la loi pour y obéir ? Et où sont ces deux types de loi demandant d'obéir au bien et non au mal : celle qui rend heureux et l'autre qui rend malheureux ? ONFRAY ne le sait pas. Il répète simplement ce qu'il a entendu enfant, avec l'apparence d'un philosophe – mais **il ne lit pas le texte !**

Ce que nous suggère l'auteur de GENÈSE 2 et 3 est assurément tout autre chose que ce fatras de concepts non définis. Un texte, de plus, qui vient d'une source qu'il est impossible de déterminer : akkadienne, assyrienne, babylonienne, sumérienne, voire même égyptienne ou encore persane, mais en tous les cas absolument pas juive ou ecclésiastique ! Quoi qu'il en soit, son brillant auteur nous dit que Dieu place au centre du jardin l'arbre de Vie, puis qu'il en propose les fruits à l'homme – **sans condition aucune**. Mais que va faire l'homme ? Il va disposer au centre du jardin l'arbre des Connaissances, lequel est beaucoup plus rassurant puisqu'il pose la liberté comme un savoir entre deux choix clairement présentés. L'homme écarte ainsi la Vie à la périphérie de l'espace où il demeure. Depuis lors, bien des hommes ont raté leur vie en réitérant le même geste. Devant l'offre de faire de SA vie ce qu'il en désire, d'être ici porté par un souffle existentiel, personnel, voici que l'homme se tourne sagement et raisonnablement vers les lois du bien et du mal qui lui répondent dans une lumière majestueuse : « Si tu demandes d'exister en dehors des lois, sache que cela est impossible ô homme ! Les lois ne le permettent pas. Si tu veux vivre, tu dois nous obéir. Obéir aux lois de la vie. Car la vie, c'est obéir aux connaissances. »

Quant à Dieu, le texte nous montre qu'il fit à l'homme la réponse suivante : « Comme tu le veux Adam. Mais alors tu mourras. Toutefois, non parce que tu n'as pas suivi mon conseil – car il n'est pas question ici d'obéir ou de désobéir – mais parce qu'**il te faut assumer tes choix, ta liberté**. Tu préfères obéir aux vérités, aux lois, aux connaissances, aux évidences ; tu préfères les diviniser en principes supérieurs et leur soumettre l'infini de ta liberté. Soit donc, tu mourras d'être devenu sage et religieux. Tu mourras d'avoir considéré ta vie comme biologique et intellectuelle tandis que je t'offrais une vie supérieure et spirituelle. Toutefois, il est vrai, ô homme, que le vivant, vu sous l'angle de l'intelligence, sous l'angle où tu veux le regarder, que ce vivant-là est soumis aux lois de la Nature, c'est-à-dire aux lois de l'arbre du bien et du mal. Te voilà donc responsable, non d'avoir désobéi, mais de confondre la vérité naturelle avec la Vérité. Tu es fautif d'avoir **ouvert les yeux** pour regarder le monde comme le regarde l'animal. Certes, avec plus de conscience que lui, ce qui précisément te rend responsable et non pas lui.

Tu es par conséquent indigne parce que tu penses l'homme comme n'étant rien de plus qu'un animal intelligent ; comme le dieu des animaux. Et plus tu l'abreuves et le soumets aux lois duelles de cette intelligence, plus tu augmentes son malheur. — Pour moi, je voulais que tu sois, **toi, la vérité**. Je voulais que ta volonté soit la seule vérité. Je voulais que tu t'abreuves de vie et non de lois. Tu as donc échoué à être un homme. Et pourtant, **tu viens précisément d'affirmer ta liberté !** Car qui échappera à la liberté ? Personne. Irais-tu même jusqu'à me crucifier, personnellement, jamais je n'abdiquerai de te placer devant ta liberté ; jamais je n'obéirai à tes connaissances, à tes commandements, à cette liberté de pacotille que t'offrent les connaissances. Jamais je ne céderai devant ton idée d'un *homo sapiens* fabriqué par les vérités immuables que tes sciences et tes morales t'enseignent. Je suis la Vie. Je suis désobéissance aux lois. Et vivre, c'est désobéir. Apprends, ô homme, que l'obéissance aux lois est la puissance même de ce que tu appelles le *péché* ; état dans lequel tu viens de déchoir malgré mon conseil. »

C'est donc l'homme qui posa la loi – non pas Dieu ! ONFRAY est totalement hors du texte : il est ailleurs, dans son opinion, noyé dans son préjugé. En effet, l'homme créa même d'innombrables lois, inlassablement, puis il les imposa aux peuples telles des dieux servant à punir sévèrement toute désobéissance. Dieu posa, tout au contraire, la liberté. Mais l'homme ne l'accepta pas. Il ne pouvait **croire** en une liberté qui était plus puissante que les lois de la raison. Enfin, pour comble de sa lâcheté, le sage, tout illuminé du fruit de ses savoirs, mit Dieu en jugement et le condamna de la manière suivante : « Maudis sois-tu de nous avoir offert une trop grande liberté. Aussi, nous allons réparer ta faute. Nous offrirons à l'humanité la liberté de la Nature, celle de la morale, de la science et de la logique. Puis nous enseignerons aux hommes que telle est la liberté, et par nos puissants talents de suggestion et de propagande nous les convaincrons que l'espérance en ton *impossible* est un esclavage, une folie, un blasphème. »

Ainsi parle MICHEL ONFRAY. Et tel un bon prophète de la tradition ecclésiale dans laquelle il fut éduqué, il ne sait pas lire le texte. Il ne veut pas le lire. De plus, il jette encore une fois la honte sur la philosophie dont il se sert lâchement pour une affaire personnelle. ONFRAY est en vérité depuis toujours la proie des religieux. Il déploie toute l'énergie d'un enfant qui veut régler leur compte à ses anciens précepteurs. Ces derniers ont finalement bien réussi leur coup – encore un tour machiavélique de leur part. En effet, tandis que le pseudo philosophe croit et répète naïvement ce qu'ils lui ont dit au sujet du divin, il reporte désormais toute la culpabilité sur Dieu. Le voilà donc à vouloir régler son compte à Dieu, **directement**. N'a-t-il pas pourtant toutes les armes en main pour devenir un homme et quitter l'enfant ; pour séparer le religieux du divin ; pour écouter enfin le texte sans les clichés dont il a été nourri dès l'enfance ? Est-il donc incapable d'avoir une lecture libre de la Bible ? Bien sûr que non ; il en est tout à fait capable. Mais je crois que cette situation l'arrange délicieusement. Tel HAWKING, il aime son opinion personnelle confusément mijotée dès l'enfance. Il l'aime comme une fillette ayant soin de sa poupée. Ainsi l'habille-t-il lui aussi avec la cape sacerdotale d'un savoir universitaire. De là tire-t-il sa gloire, son honneur et ses revenus financiers...

auprès d'un auditoire, il faut hélas bien le reconnaître, un peu benêt. Sinon – où serait la gloire d'Onfray ?

Les faux-penseurs et les opinionistes sont finalement les jouets d'un ventriloque. Et ce ventriloque qui les met en scène est en eux dès l'origine : c'est leur propre spéculation. Une opinion primitive, captivante. Quelque chose comme un enfant sacré ou une vierge immaculée dont ils se sont servi pour, au commencement, décrire la vérité. Devenus adultes, ils s'y sont voués entièrement, investissant tous leurs talents de sorte à vêtir cette marionnette et la rendre ainsi crédible dans le monde réel. Soit donc, lorsqu'ils se présentent devant leurs auditoires, ce ne sont pas eux qui parlent, c'est cette muse énigmatique de l'opinion dont ils sont les valets. Naturellement ils prennent bien soin de la cacher au public ; car s'il s'avérait que, par un tour de passe-passe de la réalité, il fût soudain révélé au public *qui* parle réellement, tout le monde rirait en voyant ce **polichinelle grotesque** en train de discourir de choses qu'il ne conçoit pas et qui le dépassent.

Nietzsche avait d'ailleurs fort bien discerné le nœud de cette supercherie. Dans son *Par delà le bien et le mal*, il nous dit en effet la chose suivante :

> Les philosophes font tous comme si le développement naturel d'une dialectique froide, pure et divinement impassible, leur avait découvert leur doctrine et permis de l'atteindre, alors qu'au fond c'est une thèse préconçue, une idée de rencontre, une « illumination », le plus souvent un très profond désir mais quintessencié et soigneusement passé au tamis, qu'ils défendent avec des arguments découverts après coup. Ce sont tous, quoi qu'ils disent, des avocats sans le savoir et

même le plus souvent des porte-parole astucieux de leurs préjugés, qu'ils baptisent « vérité »...

Or voici, bien qu'il ait discerné la chose, NIETZSCHE lui-même ne réussit pas toujours à échapper à son propre polichinelle. En effet, jamais il ne voulut rencontrer librement le divin en dehors de l'emprise magnétique qu'avait sur lui une certaine opinion et un certain préjugé à l'égard de Dieu. Emprise probablement forgée dès l'enfance et l'adolescence suite à une éducation religieuse rigide et moraliste au possible. Indéniablement, l'adage suivant est plein de bon sens : « L'enfant est le père de l'adulte », lequel doit être reformulé avec plus de précision de la façon suivante : « Le préjugé est le père de l'adulte ».

Un adage qui est hélas vrai **pour tous** ! Et le préjugé infantile domine le sage avec une aisance telle qu'il semble même magique. Malgré la somme colossale de savoir chez l'adulte, l'opinion venue de son préjugé est tellement imprégnée de vitalisme qu'elle est assez puissante pour lui voler n'importe quelle érudition, s'en revêtir, puis faire accroire à tous que les thèses développées par l'adulte sont innocentes de tout préjugé. Et tandis que l'adulte bouge les lèvres, c'est le préjugé qu'il chérit dans son ventre qui lui souffle quoi penser et dire. Ainsi est bâtie une vérité : dans une connivence intime entre la raison devenue hautaine et une opinion adorée comme une divinité. Une connivence qui vit aux crochets d'un adulte trop lâche pour défier, et le dieu, et la forteresse de la raison qui le garde.

C'est effectivement lorsqu'il découvre le pouvoir de la raison que l'adulte tombe définitivement dans le piège qui lui est tendu. La puissance intellectuelle se présente à lui telle une grâce, telle le parfait outil pour « passer au tamis » son sentiment primitif. La raison, c'est la baguette magique servant à transformer le préjugé en vérité éternelle. Ainsi donc est métamorphosé l'enfant sacré. Drapé de maturité par l'érudition puis rendu subtil jusqu'à l'Olympe, le chercheur enfin accompli reçoit alors gloire, honneur et richesse tandis que la foule voit en lui un prophète. Il est en réalité totalement manipulé par une opinion qui désire s'octroyer le titre de vérité. Telles sont les vérités divines à la HAWKING et à la ONFRAY : des vérités de polichinelle, c'est-à-dire des opinions.

❧

Notons enfin que ces spéculations ont tout autant de facilité à se servir de l'adulte quand ce dernier leur présente des talents artistiques plutôt que des talents intellectuels. Athéna n'est-elle pas déesse de la sagesse et des artistes ? N'a-t-elle pas aussi entre ses mains la baguette magique des Arts pour transmuer une vague conjecture en vérité divine ? Soit donc, dans sa volonté de se métamorphoser en vérité, l'opinion se revêt aussi et sans la moindre difficulté des arts du spectacle. La presque totalité des humoristes français sont d'ailleurs aujourd'hui des prédicateurs d'opinions ou des maîtres de morale, en tout cas, des pragmatiques issus de la même lignée que les politiciens. Les clowns sont morts et leur héritage poétique jeté en sacrifice à l'audimat. Nombre de ces « humoristes » conformistes ne font d'ailleurs que nous servir le brouet d'idées toutes faites ayant cours ; par exemple, ce lieu commun du *mâle primitif et violent que doit éduquer la femme, plus évoluée et douce.*

Les opinionistes et les faux-penseurs, éducateurs en leur genre, prolifèrent. Chacun d'eux fait croire au peuple qu'il suffit de faire un peu mousser son opinion pour obtenir une vérité. Nous trouvons aujourd'hui plus de certitudes et de vérités que jamais. Les unes sont polies aux arts du spectacle, les autres reluisent du cursus universitaire des khâgneux, mais il s'avère qu'elles ne valent pas mieux que celles qu'on trouve sur la planche polie du bar d'un bistrot de quartier. Elles ne sont que ces mêmes opinions archaïques qui courent tout au long de l'Histoire, dangereuses, crédules, grégaires – simplement mieux vêtues et mieux parfumées que jamais.

Aucun de ces *brillants prophètes* n'a en réalité le cran de rencontrer la vérité **face à face.** Si au moins l'un d'eux avait l'audace de Nietzsche, qui pourtant n'eut pas celle de chercher au ciel le surhomme ; au moins pourrions-nous en tirer quelque profit. Mais aucun d'eux n'a même cette hauteur. Pourquoi ce siècle aux opinions envahissantes, oppressantes, étouffantes nous offre-t-il une telle pauvreté ? Assurément parce que **la peur de mourir et de souffrir** est plus vive que jamais. Or, c'est précisément ce qu'implique une rencontre avec la vérité dernière ; elle implique la mise à mort du polichinelle, de son opinion, de ses forteresses raisonnables, de sa comédie et de son *cinema dell'arte* – soit donc, une amère souffrance.

Observez donc Job dont la Bible nous conte l'histoire. Lui-même faiseur de vérité en son temps, et comme ses amis, opinioniste, dogmatique et puritain. Un sage, un bienfaiteur reconnu de sa cité et encensé par le peuple. Et voici que soudain le malheur s'abat sur lui. Toutes ses vérités s'effondrent alors petit à petit ; ses préjugés et ses opinions infantiles sont frappés au visage; ses marionnettes dogmatiques soigneusement parées sont dépouillées, mises en question, ridiculisées et enfin mises à mort. Et Job de s'écrier en répondant au ciel: «Oui, j'ai parlé, sans les comprendre, de choses qui me dépassent et que je ne conçois pas» (42^3). C'est à cet instant que Job commence à goûter **au miel tant désiré de la vérité divine**. Mais sans conteste, et là est le malheur de cette génération: c'est qu'il ne semble pas exister parmi les opinionistes et les chercheurs un seul Job assez digne pour traverser une telle épreuve sans mettre le ciel en accusation.

Nos penseurs et nos artistes tiennent bien trop à leurs vérités, c'est-à-dire aux conforts, aux gloires et aux richesses qu'elles leur rapportent. Ils tiennent trop à leur ego en somme. Et comme tous, ils ont la crainte de souffrir à fleur de peau, à tel point que jamais cette crainte n'a été aussi forte dans l'Histoire de l'humanité. Il est certain que c'est là un grand malheur de prétendre que la vérité et l'ego peuvent faire cause commune sous prétexte qu'on s'effraye au moindre bobo. Et toutefois, il existe un malheur bien plus abyssal. C'est celui de perdre, en plus de son ego et de sa vie, toute la vérité sur laquelle on avait précisément fondé son existence; c'est-à-dire, bien qu'étant mort, s'entendre encore être jugé ainsi: «À celui qui n'a pas on ôtera même ce qu'il a» (MT 13^{12}). Or, comment donc un mort peut-il se voir ôter la vérité à laquelle il a cru de son vivant? Très certainement parce que la mort est un état où la conscience demeure, où l'être vit sa propre mort. Le voici donc sans aucune vérité pour le relever d'entre les morts, et sans aucune pour le faire disparaître à jamais. Eh quoi! Pensez-vous que moi aussi je n'émets là qu'une opinion et que **la résurrection** est également une vérité de polichinelle ? Si tel est le cas, pourquoi donc la raison se refuse-t-elle obstinément à la défendre ? Et pourquoi s'arme-t-elle toutefois de ses plus belles logiques pour défendre l'invincibilité de la mort que prêchent HAWKING, ONFRAY & Cie ?

La soumission
ou Le décret des Vigilants
À partir de Daniel 4$^{29\text{-}37}$

Rappel du texte de Daniel 4$^{29\text{-}37}$

^{29} Au terme de douze mois, il déambulait sur la terrasse du palais royal de Babylone. ^{30} Le roi prit la parole et dit : « N'est-ce point là Babylone la grande, que j'ai construite comme maison royale par la force de ma puissance, à la gloire de ma majesté ? » ^{31} La parole était encore dans la bouche du roi, qu'une voix tomba du ciel : « On te le dit, ô roi Nabuchodonosor ! La royauté t'est retirée. ^{32} On va te chasser d'entre les hommes ; tu auras ton habitation avec les bêtes sauvages ; on te nourrira d'herbe comme les bœufs ; et **sept périodes** passeront sur toi, **jusqu'à ce que tu reconnaisses** que le Très-Haut est maître de la royauté des hommes et la donne à qui il veut. » ^{33} À l'heure même, la chose se réalisa sur Nabuchodonosor : il fut chassé d'entre les hommes ; il mangeait de l'herbe comme les bœufs et son corps était baigné par la rosée du ciel, au point que sa chevelure poussa comme les plumes des aigles, et ses ongles, comme ceux des oiseaux. ^{34} « Au terme des jours, moi, Nabuchodonosor, je levai les yeux vers le ciel, et **la conscience me revint**. Je bénis le Très-Haut, je célébrai et glorifiai l'éternel Vivant : Car sa souveraineté est une souveraineté éternelle, et sa royauté va de génération en génération. ^{35} Tous les habitants de la terre ne comptent pour rien : il agit selon sa volonté, envers l'Armée du ciel et les habitants de la terre ; il n'y a personne qui le frappe de la main et qui lui dise : Que fais-tu ? [36] À l'instant même, ma conscience me revenait et, pour la gloire de ma royauté, ma majesté et ma splendeur me revenaient ; mes conseillers et mes dignitaires me réclamaient. **Je fus rétabli** dans ma royauté, et une grandeur extraordinaire me fut donnée **de surcroît**. [37] Maintenant moi, Nabuchodonosor, **je célèbre, exalte et glorifie le Roi du ciel**, car toutes ses œuvres sont vérité et ses voies sont justice, et il peut abaisser ceux qui se conduisent avec orgueil. »

L'Ancien Testament relate-t-il ici honnêtement l'Histoire, ou au contraire déforme-t-il les faits afin d'authentifier son discours religieux ? Je ne crois pas que cette question soit réellement pertinente, car la conversion religieuse d'un roi n'a rien d'extraordinaire dans le cours de l'Histoire ; quant aux religieux qui s'en servent, brodant petit à petit l'événement pour y faire apparaître **directement** le divin : ils ont toujours été légion. Le roi de Babylone s'est donc peut-être durablement converti au Dieu des Hébreux, et peut-être que non ; ou peut-être qu'après avoir fait un rêve troublant, puis, ayant trouvé quelques réponses auprès de sages juifs, il rendit légitime leur religion parmi toutes celles déjà présentes au sein de son empire. Un travail historique honnête ne nous dévoilerait finalement qu'une réalité banale, certes utile mais non essentielle ; ce qui compte le plus est ailleurs que dans l'Histoire. **L'important** est ce qu'affirme le texte sur la personne de Dieu ; et plus encore de savoir en quoi cette conception du divin diffère de celle du Nouveau Testament.

1 · Le Dieu-roi

L'auteur de ce texte dépeint un Dieu beaucoup plus proche de l'islam que du Nouveau Testament Tout est axé sur la **soumission** au Très-Haut et plus particulièrement dans le cadre d'une soumission politique. En effet, Dieu « s'éveille » et envoie son vigilant [13,23] dès l'instant où le roi Nabuchodonosor déclare l'indépendance de son Empire : « Je l'ai construit par la force de ma puissance et à la gloire de ma majesté [30] », a-t-il lancé. Pour la divinité cet événement est intolérable, et il n'est pas question qu'un pouvoir humain ne lui soit pas assujetti ! Aussi sort-elle de son silence : le roi sera sévèrement oppressé jusqu'à ce qu'il abdique et dépose sa couronne aux pieds du trône divin. Dieu est tellement confondu avec la chose politique que la royauté est en définitive l'incarnation même de sa **NATURE** et de son **ÊTRE** ; de là son identité sous forme de titres officiels : « souverain », « roi », « maître de la royauté des hommes » ; de là encore la nécessité de l'équiper d'une armée céleste. Or, si Dieu est le maître des politiques humaines, il suffira à un État, quel qu'il soit, de confesser sa vassalité au Très-Haut pour recevoir de Lui une légitimité, c'est-à-dire un pouvoir sur les hommes qui sera d'ordre sacré. Ce fut précisément le cas pour Nabuchodonosor, car après sa repentance, nous dit le texte : « il fut rétabli dans sa royauté, et une grandeur extraordinaire lui fut donnée de surcroît[37] ».

Dès lors, toute société humaine sera divine par le simple fait qu'elle soumettra à Dieu son autorité politique, son administration et ses lois ; et la loyauté des sujets envers leur gouvernement terrestre fera office de religion, incarnant leur loyauté envers Dieu. C'est pourquoi la relation de l'individu avec le divin passera obligatoirement par sa relation avec le collectif ; une relation qui sera bien sûr limitée par un inflexible interdit : ne pas contester le caractère sacré de la Nation, de sa justice et de ses dirigeants ! Et quiconque oserait disputer à la communauté son autorité spirituelle, celui-là devra subir le jugement divin. C'est-à-dire que la congrégation ne verra plus en lui un homme *normal* mais un ennemi ; aussi faudra-t-il l'ex-communier ou l'emprisonner pour protéger la masse. Le titre d'« homme » n'est en effet donné ici qu'à ceux qui confessent la nature sacrée du corps collectif ; et en tant que membres, ils sont eux-mêmes considérés comme sacrés. Quant à la marche glorieuse de ce corps, son évolution, elle est intouchable, étant pleinement l'œuvre de la vérité : l'œuvre de Dieu. On dégradera donc de son titre d'« humain » quiconque remet en question cette *évidence* ; il sera assimilé à la bête, au sauvage, ou encore au démon. Telle fut l'amère expérience de Nabuchodonosor. Il pensait que son Empire reposait sur sa personne, ignorant qu'il lui avait été donné et qu'il pouvait demain lui être retiré. Il dut apprendre qu'un État est un corps au-dessus de chaque individu, et qu'aucun d'eux n'est au-dessus du corps. Nul n'est indispensable, pas même le roi. Dieu seul possède vis-à-vis du corps une autonomie particulière ; Dieu seul a le titre d'Être particulier, aussi, dira le roi : « Tous les habitants de la terre ne comptent pour rien aux yeux de Dieu, et il agit comme il le veut envers eux [35] ».

2 · LE DIEU DES FORCES

Cette représentation politique et quasiment dictatoriale que donne DANIEL du divin est toutefois superficielle. Je ne nie pas qu'elle ait dans l'Histoire sa part d'efficacité puisqu'elle veut arracher l'homme à sa condition de barbare pour en faire un être civilisé ; mais je crois que le texte nous dit une chose bien plus intéressante à propos de Dieu. Une perspective qu'a négligée le religieux en se figeant dans la facilité d'un Dieu-roi. Il s'est persuadé que l'œuvre divine atteindra son zénith lorsque l'humanité sera un seul et même corps merveilleusement uni : le saint temple de Dieu mondialisé. Là où chacun, tel une note sur la partition collective, restera rigoureusement à sa place, psalmodiant dans un bourdonnement béat, et pour l'éternité, la gloire de Dieu :

« Sainteté, sainteté, sainteté à la Toute-Puissance ». Quant aux électrons libres jouant leur propre musique dans un nouveau chant, ils auront été à jamais biffés. C'est nourri par cette vision chimérique de l'unité qu'on traduit habituellement l'Ancien Testament, reportant ainsi l'onction spirituelle sur le politique, divinisant le collectif et sacralisant les lois qui l'articulent. Cette attitude n'est en vérité que la conséquence malheureuse d'un homme qui s'efforce de faire Dieu à l'image de l'homme.

Au-delà donc d'une divinité totalitaire saturée de conscience collective, la parabole de Nabuchodonosor nous montre d'abord Dieu en train de résister concrètement à notre ego ; Dieu lutte contre l'individu qui **DÉGÉNÈRE EN EGO**. Lorsque le roi explique, au terme de son épreuve : « je levai les yeux vers le ciel, et la conscience me revint [34] », il faut se demander de quoi le souverain a-t-il pris conscience pour s'éveiller soudain de sa longue et profonde chute. Très certainement a-t-il appris à ne plus « conjuguer » son prochain au filtre de sa personne et pour servir **SA** volonté. Celui qui auparavant lançait : « *moi* j'ai construit, par *ma* force, par *ma* puissance, pour *ma* gloire, pour *ma* majesté... », voit désormais dans ce discours la raison de sa déchéance ; il y voit sa nature bestiale, cette force dominatrice où l'autre n'existe que pour assouvir un égoïsme naturel. En outre, comment Dieu est-il parvenu à lui ouvrir les yeux sinon par la force ? En effet, telles une main divine, des circonstances insurmontables osèrent placer leur face contre la face même du tyran, lui ôtant sa couronne et sa dignité ; et c'est ainsi que Nabuchodonosor regarda pour la première fois Dieu comme **L'AUTRE**. Une situation qui lui était jusqu'alors inconnue, car nul ne fut jamais autorisé à être le *prochain* du roi, mais seulement un *sujet soumis* gardant le visage baissé. La misère et l'humiliation servirent donc au monarque de brillant pédagogue ; au moment où sa logique habituelle ne trouva plus l'espace et le confort pour s'exprimer, le roi parvint à concevoir qu'un autre pouvait exister en dehors de lui ; différer de lui ; vouloir en propre vis-à-vis du vouloir royal. Certes, il accepta *a priori* une telle liberté uniquement pour Dieu, dans un premier temps, non encore pour tous les hommes, néanmoins Dieu avait tracé une perspective qui deviendrait dès lors la pierre d'angle de l'Histoire : « Que celui qui a des oreilles entende ».

La force contraignante n'est par conséquent qu'une **MÉTHODE** divine tandis que l'essentiel est ailleurs : dans le but visé. La méthode condamne l'ego, mais le but le régénère en individu ; et l'un diffère de l'autre autant que diffère la chenille du papillon, c'est-à-dire autant que l'homme premier diffère du fils de l'homme. C'est ici un point crucial, une clef spirituelle ; car il s'agit de discerner que la méthode et le but s'unissent dans l'intention, mais qu'ils se contredisent dans leurs manifestations ; car de même que la mort de la chenille conduit à l'envol du papillon, la mort a terminé son œuvre lorsque disparaît la chenille ; si bien que la métamorphose du papillon est donnée à l'encontre de la mort, et cela, par une vie cachée qui soudain se révèle, faisant paraître un être ailé que la chenille nous dissimulait de son vivant. C'est pourquoi la méthode évoque le but et y tend, mais elle ne peut l'atteindre ; elle est une force de malédiction s'opposant directement à l'ego et à la bestialité, mais elle ne peut faire mieux que les dompter au nom du bien et du mal. Et si l'animal semble ensuite métamorphosé alors que le roi de Babylone retrouve le monde des hommes, ce n'est qu'un leurre puisqu'il est seulement domestiqué grâce à un mors; aussi faut-il voir dans les faux progrès de l'Histoire une allégorie du but à-venir, c'est-à-dire de la véritable métamorphose qui n'appartient pas au dresseur. À l'inverse de la méthode, le but visé est donc une bénédiction; une **BONNE NOUVELLE**; bien plus qu'une évolution de la Nature puisque le vieillissement et la mort la limitent. Le but appelle l'homme à une nouvelle nature, celle-là même qui est la passion de Dieu. L'homme est plus que l'exemplaire d'une race, plus que le membre d'un corps. Il est un être à part entière, un individu que sa liberté d'exister entraîne à « tout espérer, tout supporter, tout croire et tout excuser » (1 Cor 13[7]); à contester le pouvoir des rois, des savants, des ecclésiastiques et de la réalité même! Le but est **CACHÉ** en Dieu, derrière la méthode; raison pour laquelle Dieu ne s'adresse jamais directement à Nabuchodonosor.

Hélas! l'homme s'est attaché à la méthode; le chantage des récompenses et des punitions le rassure par son réalisme. « Jusqu'à ce que tu te soumettes au Très-Haut[32] » annonça-t-on au roi de Babylone; puis l'ayant fait, il fut rémunéré: le roi fut « rétabli dans sa royauté et sa grandeur accrue[36] ». Technique imparable, invincible, quasi-scientifique; c'est pourquoi les hommes la nommèrent « Dieu ». Dès lors, ils identifièrent petit à petit le but visé avec le satan: « Le but n'est-il pas présomptueux en prétendant conduire l'individu à aimer Dieu au-delà de la crainte? », arguent-ils. Le diabolique est en vérité celui qui enferme l'être dans une crainte éternelle; il nie que la menace des « vigilants[23] » soit un simple outil pédagogique en attendant que s'établisse avec Dieu une relation supérieure. En somme, le réalisme de l'outil veut prendre la place de l'artiste et de son imaginaire, et la lettre tend à remplacer l'esprit. Ainsi la primauté fut donnée aux « décrets et aux ordres » indirects de Dieu, ceux-là mêmes, nous dit le texte, que portent les *saints* et les *vigilants*[17] : l'homme a divinisé les anges ! Il a fait de leurs commandements le but ultime de Dieu quand ils ne sont qu'un moyen intermédiaire. La clameur de leurs décrets ne s'adresse pourtant pas à l'homme à proprement parler, mais à son animalité, menaçant de mort son ego primordial. À elles seules, ces forces morales, intellectuelles et religieuses peuvent uniquement transformer l'animal en **ANIMAL INTELLIGENT**. Elles transforment en une civilisation des hordes de barbares régis par l'ego, leur donnant d'abord la conscience des différences existentielles, puis une intelligence politique pour établir des règles ordonnant leurs interactions. Toutefois, l'animal n'est là que dompté ; il continue d'exister. La conscience « dépouille l'homme de son feuillage sous lequel demeure la bête[21] », mais elle « laisse en terre sa souche et ses racines liées par les chaînes d'airain de la loi[15] ». La nature profonde de la bête et de son ego demeure donc en l'homme ; l'ego est indéracinable. Et douze régiments d'anges ou de sages venant l'aider à s'en laver durant mille « périodes[32] » de réincarnations n'y changeront rien !

3 · LE ROI DES ROIS

Le Dieu-roi chevauchant son Armée de forces célestes ne suffit pas. Il est un premier pas vers la délivrance, mais il n'est pas la délivrance. S'arrêter tremblant à ses pieds comme le fit Nabuchodonosor : « Je célèbre, exalte et glorifie le Roi du ciel[37] », alors qu'il croit avoir atteint la Vérité, certain que Dieu n'existe plus au-delà – c'est là vouloir faire l'ange. De fait, si les anges plaisent à Dieu, c'est parce qu'ils sont selon leur nature ; et, bien qu'ils incarnent pour nous la crainte divine, ils sont pour Dieu comme la pure intelligence se tenant **EN DEÇÀ** des énigmes de son amour et de son intime vouloir. Aussi ne voient-ils pas son visage (voir ÉSA 6[2]). Mais lorsque l'homme sanctifie en lui-même l'intelligence par ses vertus et ses sciences, il déplaît au ciel ; parce qu'il s'arrête dès son premier pas sur le chemin qui veut le conduire aussi proche de Dieu que l'est un fils. Il s'arrête à l'animal intelligent ; il veut être une bête sacrée, c'est-à-dire devenir un être angélique. Il n'est plus alors selon sa nature. Il nie sa véritable nature, il se nie lui-même : il se divise. Il lui faut en vérité faire le second pas pour que tout soit accompli : il lui faut rencontrer Dieu comme le « Roi des rois ».

Le second pas, c'est le Nouveau Testament qui le fait. En s'appuyant sur le but et sur le but seul dans son rapport avec Dieu, le Nouveau Testament ôte la loi de la vie **SPIRITUELLE** de l'homme ; les forces morales et celles de la conscience ont été destituées de leur valeur divine et ne sont plus désormais que d'ordre terrestre. Ainsi la politique avec ses rois ont-ils été ramenés aux seules obligations civiles et séculières de l'homme. Leur autorité reste légitime, mais elle n'a plus l'onction pour juger de la spiritualité de l'individu : Dieu n'est plus un Dieu-roi, son règne s'est déplacé de la terre vers **UN AUTRE LIEU** ! Nous comprenons pourquoi MARC fait remarquer que « la foule fut dans l'étonnement » lorsque le Christ leur déclara : « Rendez à César ce qui est à César, et à Dieu ce qui est à Dieu » (12^{17}). En effet, pour la première fois un prophète osait séparer le pouvoir terrestre du pouvoir divin. C'était une chose inédite et inconcevable pour ce peuple d'où était issu Daniel ; un **RENVERSEMENT TOTAL** de la vision du divin, laquelle ne prévalait pas seulement en Israël d'ailleurs, mais au sein de tous les peuples. Cependant, le Christ alla bien plus loin. Il eut l'outrecuidance de mener jusqu'au procès le décret des « vigilants » que l'Ancien Testament élève en tribunal divin : « Il a annulé le document accusateur qui nous condamnait, il l'a fait disparaître » (Col 2^{14}) explique le Nouveau Testament. Et Jésus de dire : « Je voyais l'accusateur tomber du ciel comme un éclair » (Luc 10^{18}). Après avoir retiré au politique son pouvoir sacré, il fallait par conséquent détruire les incarnations religieuses de ce pouvoir ; aussi le Temple fut-il détruit. Nulle race ni collectivité n'était désormais plus le temple de Dieu, sa présence s'était déplacée ailleurs : « Le royaume de Dieu est **EN VOUS** (*entos*) » (Luc 17^{21}). Dieu devient un Père partageant **SA NATURE** avec ses fils, un Roi parmi d'autres *rois-fils*, lesquels sont comme ce papillon ailé encore dissimulé ; de nouvelles créatures ; des fils de l'homme. La chenille avec son cocon ecclésiastique et politique entend ici sonner son agonie. L'Église doit mourir.

S'il y avait un discours politique du Christ – bien qu'il n'y en ait pas – il serait laïque : que les gouvernants gouvernent le monde présent puisqu'ils pensent que son cocon survivra ; et que le chrétien annonce le monde-à-venir s'il a vraiment entendu sonner le glas. Rendez le présent au monde et l'avenir à ceux qui sont à-venir. Puis riez ! car ce qui est présent appartient toujours à ce qui vient ! Tel est le procès du christianisme et de l'Église. Car aux côtés du roi de Babylone, la chrétienté a toujours voulu régner politiquement, elle a toujours fait alliance avec les monarques au nom de divinités collectives. Tout discours politique donné au nom du Christ est une démonisation du christianisme! Ainsi voyons-nous de nos jours les protestants baignant dans ce jus nauséabond, à l'instar de l'évangéliste Billy Graham, annonçant à la foule, aux côtés de Nixon fraîchement élu : « Ô Seigneur, nous sacrons Richard Milhous Nixon président des États-Unis, au nom du Prince de la Paix qui a versé son sang sur la croix pour que les hommes aient la vie éternelle, amen[1]. » Et ailleurs, l'*Opus Dei* catholique prêche de même la sanctification du terrestre au nom de l'Évangile : « Nous avons fixé les yeux sur le Christ qui a passé la quasi totalité de sa vie terrestre à travailler comme artisan dans un village. Le travail n'est pas seulement une des plus hautes valeurs humaines et le moyen par lequel les hommes doivent contribuer au progrès de la société : c'est encore un chemin de sanctification. »[2] Ce n'est pas Dieu, mais notre nature qui nous contraint au travail tant le sol ne sait qu'obéir aux lois du mérite ; de même, c'est notre raison qui réclame des gouvernants tant l'homme est dominé par sa convoitise. Que celui donc qui aime la prospérité terrestre travaille religieusement avec le Roi de Babylone sans y mêler toutefois le monde-à-venir, ou encore qu'il fasse *Sciences Po* s'il en veut davantage et qu'il entre en politique ; et enfin, que celui dont la vie est un cocon qui se fend suive avec courage le Christ. Ne voit-il pas le diadème du ressuscité dont il sera peut-être couronné

---

[1] Documentaire de David Van Taylor, *Dieu protège l'Amérique*, USA 2002.
[2] Josemaría Escrivá, fondateur de l'*Opus Dei*, dans le livre *Entretiens avec Monseigneur Escrivá* que l'on retrouve en ligne ici : *https://fr.escrivaworks.org/book/entretiens-point-24.htm*

au sortir de son propre tombeau ? Ne sait-il pas qu'alors il n'aura nul besoin de savoir, de veiller ou d'obéir assidûment pour que germe sa volonté : la foi de son Père lui suffira (voir Mc 4^{27}).

Encore l'amour
À l'attention des amoureux

Que les amoureux ne m'en veuillent pas, mais je suis loin d'avoir la naïveté de Brassens qui leur trouvait « des petites gueules bien sympathiques »; car je trouve généralement les amoureux plutôt **grotesques**, voire même hypocrites. Oh, je sais fort bien combien cette remarque leur passera au-dessus de la tête. Elle ne les touchera aucunement. Le gigantesque du sentiment qui les unit en ce moment leur apparaît tellement incommensurable que nulle moquerie de ma part ne pourra les effleurer. Tout ce que je leur dirai sera pour eux aussi insignifiant que la mouche sur la crinière du lion. Devant la profondeur des regards que chacun des amants plonge dans les yeux de l'autre, et face à la hauteur des mots qu'ils se murmurent dans l'intimité, mes billevesées resteront bassement terrestres. Ils ne les entendront pas. Eux, ils sont dans **un autre monde**!

Ils sont dans le monde de l'amour... Ainsi s'accablent-ils de croire au « pur Esprit » de leurs continuelles étreintes et caresses. Pour moi, en revanche, cet irrésistible magnétisme qui les colle avec boulimie l'un à l'autre n'est pas encore l'amour. Peut-être est-ce l'appel de l'amour: fascinant, hypnotique, appétent; cela, je veux bien le concéder; mais ce n'est pas l'amour. Non, ce n'est pas l'amour, mais seulement **son éventualité à-venir** : c'est l'amour annonçant aux humains son étrange besogne en train de sourdre dans leur cœur.

Mais pourquoi donc l'amour se propose-t-il d'abord aux deux amants en se voilant ainsi sous la gloutonnerie de leur zèle affectif ? Pourquoi les trompe-t-il ? Quel est donc le mystère de son visage, qu'il dissimule avec tant de force derrière ces houles de sentiments contre lesquels la nature humaine est totalement impuissante à résister ? Pourquoi l'amour envoie-t-il en premier lieu ce **messager de l'irrésistible** dont l'invincibilité est pareille à un ange de lumière ? Ces torrents d'émotions ne sont-ils pas, à l'échelle de l'amour, rien de plus que de grossiers sentiments ? Des sentiments certes puissants, et même jugés comme *tout-puissants* par les amants, mais qui ne sont en réalité qu'une sorte de songe ; un rêve au sein duquel les deux rêveurs plongent allègrement, absolument certains que tout réveil est dès lors impossible : jamais leur passion ne périra, se disent-ils ! L'amour fait accroire au couple que leur passion **est éternelle**. Aussi peuvent-ils sans crainte s'engager **pour la vie**. Aucune réalité ne saurait les désunir. La mort, elle-même – se persuadent-ils – ne pourra les séparer tant ils croient pour l'instant à la toute-puissance de leur inclination l'un pour l'autre.

N'était-ce donc que cela ? L'amour n'avait-il en projet que la signature d'**un contrat de mariage** ? « Certes oui » répondront le religieux et l'homme civilisé. Ainsi conclut béatement la majorité des hommes depuis des siècles en ce qui concerne l'étrangeté du phénomène amoureux dont ils sont les témoins. Ils l'appellent précipitamment *l'amour*, puis aussitôt le métamorphosent en *mariage* en conduisant hâtivement les amants devant le maire ou l'ensoutané de service : « Ils vécurent heureux et eurent beaucoup d'enfants » ; ou encore : « Soyez féconds, multipliez et remplissez la terre ». Ils ont en vérité ajouté de la **dissimulation** au voile dont s'était au commencement recouvert l'amour. En effet, l'amour véritable est toujours et encore caché derrière le dogme des épousailles. Et d'ailleurs, l'amour se moque bien de cette mission civilisatrice dont l'homme a oint le mariage et la famille ; il ne se fait aucune illusion quant à cette harmonie chimérique par laquelle maires et cléricaux font rêver les amoureux encore dans leur cocon. C'est vers tout autre chose que l'amour tend ; mais son geste mystérieux est si embarrassant et si **sauvagement scandaleux** que les amants préfèrent le dissimuler derrière l'assurance d'un contrat conjugal en bonne et due forme.

L'amour sait. Et c'est la raison pour laquelle il se cache. Il se cache d'abord sous la naïveté des sentiments, puis enfin derrière les très saintes lois de la famille. Ainsi ne craint-il pas en cela de faire passer amants et parents pour ce qu'ils sont réellement : des clowns, et bientôt des hypocrites. L'amour sait. Il sait que quelque chose ne tourne pas rond chez les hommes – dans la nature humaine. Quelque chose d'obscur, de vaseux, et qui de plus est éminemment terrifié par l'amour, bien que, pourtant, son avidité d'aimer ne soit jamais satisfaite.

L'amour sait aussi qu'une seule saison suffit. Car il suffit qu'une seule et rapide saison passe sur le banc romantique des amoureux pour qu'apparaisse la mousse de **la réalité** ; l'impitoyable réalité et sa nécessité que nul sentiment ne peut convaincre. C'est alors que de nouveau se font entendre, et l'homme, et la femme ; c'est-à-dire l'**Ego**. Ce boulimique et insatiable ego tellement habile à tout prendre de l'autre jusqu'à se convaincre lui-même d'être aimant. Voici donc l'instant tragique ; car lorsque sonnent les premières notes de cette tragédie, l'amour se décide enfin à parler ; lorsque les deux **amants** cherchent avec angoisse à se délecter aux voluptés d'un sentiment que l'increvable réalité est en train d'étouffer – voici que surgit l'amour : « Il te faut mourir, dit-il aux deux rêveurs ; puis renaître. » Redevenus naturellement hommes et femmes, d'amants qu'ils avaient fugitivement tenté de paraître, les deux oiseaux sont alors pétrifiés devant le visage enfin dévoilé de l'amour. Les fervents sentiments et les contrats de mariage n'étaient que **vanité** ; nos deux tourtereaux désormais dans la cour des grands ne peuvent échapper à cette vérité !

C'est ainsi que l'amour accomplit son insolite besogne : **il tue l'homme, il tue la femme**. Et plus les amants entendront l'amour, plus ils seront brisés. Et lorsqu'enfin les deux clowns *amoureux* se mettront à pleurer, alors cesseront les moqueries des gens spirituels qui regarderont avec sérieux l'amour en train de s'élever et de se déployer dans l'invisible – hors de la cage des deux *ego*. C'est l'instant magique à partir duquel de la tragédie sortira de l'or. Le boute-en-train romantique et le pitre des vertus familiales voient soudain qu'ils ne sont nullement des fils de l'amour ; ils ne sont que des bêtes ayant essayé, ici, de faire les chérubins sous les artifices de langoureux violons, et là, les archanges en édictant des règles matrimoniales civilisatrices. Enfin, quand les clowns de ces amours de théâtre auront pleuré tout le maquillage de leurs visages égocentriques, peut-être que l'amour daignera venir

en eux. Peut-être fera-t-il naître d'eux un autre homme, une autre femme : l'amant véritable et le fils de l'homme.

C'est la raison pour laquelle, lorsque le Dieu se fait homme, il se présente à l'humanité avec **le sacrifice** qu'il porte en sa propre Personne. En effet, si le Dieu nous aime vraiment, il sait fort bien que l'humain que nous sommes, tordu au possible et qui tourne tout de travers, que cet homme-là ne sait rien de l'amour. Qu'il n'en saura d'ailleurs jamais rien. Pourquoi ? Parce que son égoïsme le rend incapable d'imaginer que l'amour n'a pas pour finalité d'être amoureux ; et quand finalement il peut le concevoir, il croit que l'amour a pour suprême mission de protéger la vie, de lui donner une structure organisée, harmonieuse et sensuelle qu'il nomme **le bonheur**, le mariage, la sainte *ekklésia* de la famille, etc.

Nous ne savons rien de l'amour ; puis lorsque nous soupçonnons que tel est bien le cas, nous demandons au Dieu de nous l'enseigner – mais, à condition ! À condition que son amour soit tout simplement le **superlatif** de cette *image de l'amour* que nous avons bricolée dans notre petit cerveau d'animal intelligent. **Nous exigeons** du Dieu qu'il nous joue une sérénade éternelle, qu'il nous enrichisse d'abondantes bénédictions par toutes sortes de filtres magico-religieux qu'il nous apprendrait à manigancer ; ou encore, qu'il nous donne une si haute moralité, une telle obéissance à ses lois, que nous pourrions alors mériter, de droit, qu'il enchaîne notre réalité dans un voluptueux bonheur où tout serait alors parfaitement sécurisé et aseptisé.

Nous voulons somme toute sauvegarder notre vie, la défendre et la garantir de tout mal – coûte que coûte – et c'est cela que l'homme religieux et son frère raisonnable appellent l'amour, son « salut », sa mission civilisatrice ayant pour projet d'apporter la paix sur Terre. Nous sommes tels cet homme opulent de la parabole (Luc 12); nous bâtissons de plus grands greniers pour y amasser notre vie dont nous sommes tellement fiers, la voyant cheminer de progrès en progrès, et nous pensons que l'amour est précisément là pour accomplir avec nous cette tâche: garantir notre bonheur et le sécuriser. Or voici, tout au contraire, **l'amour vient pour nous tuer**! Tel est le propre de son absence d'avarice. Car la vie dans laquelle le Dieu demeure ne craint nullement de mourir tant la résurrection lui est naturelle – et c'est de cette Vie-là qu'Il veut oindre les hommes. C'est pourquoi notre concept de l'amour est tout simplement diabolique, à tel point que même le diable est capable d'aimer; ce qui pour lui, pour nous, signifie apporter à l'humanité bonheur, paix et sécurité, mais tout en prenant bien soin de lui épargner l'amer souvenir suivant: à n'importe quel moment du jour ou de la nuit, à tous, l'âme sera redemandée. Tous nos amours tissés de nos plus beaux fils d'or, toutes nos passions forgées aux feux de nos plus profondes certitudes et toutes nos cathédrales de l'harmonie touchant aux cieux s'écrouleront alors dans la poussière – à l'instar du simple animal et sans plus de force que n'en a un vulgaire ver de terre. Aussi y a-t-il entre, d'une part, notre amour – ses sentiments, ses *je t'aime*, ses promesses, ses incarnations au sein du mariage et des nombreuses autres communautés morales que l'humanité bâtit avec talent alors qu'il est aussi humain que diabolique – et d'autre part, l'amour du Dieu, un abîme infranchissable.

Consolation pour créatifs
Et autres passionnés

L'historien français Las Cases recueillit dans un « Mémorial » les propos de Napoléon Bonaparte lors de son exil à Sainte-Hélène. C'est là que l'Empereur déchu lui raconte un événement survenu lors d'une campagne militaire : « Je demandai sur le terrain un sergent ou un caporal qui sût écrire. Quelqu'un sortit des rangs et écrivit sous la dictée, sur l'épaulement même. La lettre à peine finie, un boulet la couvre de terre. Bien, dit l'écrivain, je n'aurai pas besoin de sable. Cette plaisanterie fixa mon attention et fit la fortune du sergent... » À l'époque il fallait sécher l'encre à l'aide d'une sorte particulière de poudre, ceci explique l'humour du sergent alors qu'un boulet de canon était tombé non loin de lui. Bonaparte reconnut en un clin d'œil tout ce que cela avait de sens. Il éleva très certainement le militaire à un grade supérieur.

Il en est tout autant du créatif en travail. Il est au milieu de sa vie comme sur un champ de bataille, il met continuellement en péril ce que tous regardent comme le plus important dans la vie. Mais vivre n'aurait pour le créatif aucun sens si quelqu'un venait lui ôter la seule activité qui le fasse exister. Aussi est-il sujet à d'incessants obus venant de l'extérieur. L'organisation naturelle et physique du vivant n'aime pas ceux qui la déconsidèrent, qui ne la regardent pas comme essentielle. La vie naturelle ne supporte pas un tel mépris, c'est pourquoi elle juge très vite cette attitude comme un acte de rébellion. Celui qui cherche – premièrement – la vie de l'intérieur, celui qui sait qu'elle est en l'homme bien plus qu'elle n'est même dans le soleil ou l'air qu'il respire, celui-là est un fou contre lequel il faut lever une armée ! Il faut le menacer, le ramener à la raison, lui remettre les pieds sur terre ! Si toutefois rien ne marche, il faut le liquider tout simplement, car il devient une préoccupation pour la stabilité du troupeau.

Cependant, la vie est plus intelligente que violente. Elle a une manière bien à elle de faire rentrer dans le rang de tels personnages : elle leur donne ce qu'ils veulent. Et au-delà. Après la réussite de ses premières œuvres, voici que le rebelle est reconnu et applaudi. Son parcours devient même un modèle. On le loue d'avoir résisté aux obus de ceux qui lui faisaient obstacle. Il devient riche et tous l'écoutent. Il fait des conférences, enseigne, passe dans les médias et loge enfin dans une demeure digne de son talent. Il a les lauriers que sa divine créativité lui a valus. En toute légitimité, pense-t-il.

De là vient sa chute. Au milieu du repos, loin des champs de bataille, il reniera son intériorité comme une maîtresse désormais inutile. Il n'aura de regard que pour ce qui paraît : sa Gloire. Toute son énergie sera consacrée à la préserver. Le voilà devenu lui-même un obstacle dont la puissance est remarquable. N'est-il pas un ancien combattant ? N'a-t-il pas l'expérience du terrain ? Qui oserait mépriser ses médailles ? Il est un maître et son autorité est incontestable. Parmi ceux qui se présentent sur scène, il sait désigner qui est digne de porter les insignes de « créatif ». Bien sûr, vous l'aurez compris, il ne mettra à part que les **freluquets médiocres**, de telle sorte que sa Gloire ne sera jamais remise en question par un rival. Retourner dans l'ombre est pour lui un cauchemar ! Aussi tout vrai créatif le regardera comme un pion sur l'échiquier logique de la vie ; notre amiral, oubliant d'où il vient, passera son temps à leur tendre des pièges, à les décourager, à les convaincre qu'ils sont dénués de talent. De son palais d'ivoire, sous ses robes de byssus, le créatif déchu ne voit pas que c'est son ennemi qui lui a donné son trône... pour régner au travers de lui. **Il est vaincu.**

Ainsi, va le monde de la création. Regardez les cinéastes, les écrivains, les peintres... La médiocrité s'est installée dans un naturel si naïf que le plus reconnu parmi eux est à coup sûr le plus médiocre. Le pouvoir pourrit de l'intérieur tout vrai artiste, le pouvoir est maudit ! Si tu crées, que le pouvoir soit ton ennemi. Le plus fidèle de tes ennemis, plus fidèle encore que tes amis. D'ailleurs, tu reconnaîtras ainsi tes faux amis : ce sont ceux qui jamais ne savent te blesser, ils préfèrent sacrifier la vérité lorsqu'elle est trop difficile à te dire. Probablement est-ce parmi eux que tu trouveras ton véritable ennemi, celui qui te prépare le coup le mieux ciblé. Que ton ennemi le reste donc à jamais... jusqu'à ce que mort s'ensuive ! Aussi, t'apportera-t-il toujours l'obus et la terre afin que ton œuvre puisse rester gravée sur son support, sinon l'encre ne séchera pas et ton travail bavera comme bave le chien. Tu confirmerais alors ce que Napoléon disait ailleurs : **« Du sublime au ridicule, il n'y a qu'un pas. »**

Les quatre cœurs

La parabole du semeur comme cheminement d'un seul homme

⁵ Un semeur sortit pour semer. Pendant qu'il répandait sa semence, des graines tombèrent le long du chemin où elles furent piétinées par les passants, et les oiseaux du ciel les mangèrent. ⁶ D'autres tombèrent sur de la pierre où elles n'avaient pas beaucoup de terre. Elles levèrent aussitôt parce qu'elles ne trouvèrent pas un sol profond, et quand le soleil parut, elles brûlèrent et séchèrent, faute de racines. ⁷ D'autres graines tombèrent au milieu des ronces et des buissons d'épines. Les épines poussèrent en même temps que les bons plants et les étouffèrent. Aucune graine ne donna du fruit. ⁸ Une autre partie de la semence tomba dans la bonne terre, et elle donna du fruit qui montait et croissait, rapportant trente, soixante, et cent pour une seule graine.

LE CHEMIN, LES PIERRES, LES BUISSONS ET L'HUMUS. Tout lecteur de *la parabole du Semeur* reconnaît aisément ces quatre terrains où tombent les graines du semeur. Et tous les commentateurs sont persuadés que le Christ veut parler ici de quatre types de personne, de quatre catégories d'auditeurs. Je me plais toutefois à ne voir là qu'un seul auditeur.

Les quatre terrains sont en réalité les quatre cœurs de l'homme — d'**un seul et même homme.**

1 · Le Chemin : *les graines sont piétinées par les passants et mangées par les oiseaux*

La première terre où tombe la semence est, **d'un point de vue humain**, la plus spirituelle. Elle est faite d'un asphalte noir, bien régulier, propre et plat, luisant et pur, consciencieusement élaboré et de haute technologie. Ce premier terrain en forme de boulevard est la position de l'homme parfaitement encadré par un code de conduite des plus moral. Fondu dans ce premier cœur, l'asphalte des Lois y trace un chemin sur lequel l'*homo sapiens* s'efforce d'étaler toute sa gloire. C'est le cœur de l'homme religieux, du sage ; là où les dieux de la Torah travaillent de concert avec les dieux de l'athéisme et de l'humanisme. Ces divinités, avatars de la pure Raison, planent au-dessus de la terre et gèrent notre réalité par leurs inflexibles Lois. C'est pourquoi lorsque l'Évangile est semé dans un tel cœur, aussitôt les Êtres-ailés de la logique scientifico-religieuse viennent dérober cette semence. « Quel est donc ce clown qui ose défier notre autorité ? » se demandent les majestueux volatiles. Ainsi ôtent-ils la semence du cœur de cet homme dont ils sont les maîtres. La parole de l'Évangile est selon eux bien trop bécasse et archaïque pour être reçue dans l'éminence d'un cœur qu'ils ont fait évoluer en lui injectant de hautes connaissances. Toute possibilité de quitter la grande route est de ce fait retirée à l'homme. C'est-à-dire toute possibilité d'entrer dans le doute — d'entrer dans la Foi.

Ce que les dieux ignorent, c'est que la semence de l'Évangile est dans un premier temps un feu jeté dans le cœur. Elle est en vérité **une charrue** qui commence son étrange labeur : retourner le cœur de l'homme, le labourer, contester les lois morales et scientifiques qui le régissent. Petit à petit le Semeur veut conduire l'homme dans un Autre monde. Là-bas, les dieux et les vérités retrouvent leur position de valets.

2 · Les Pierres : *les graines germent aussitôt mais, faute de terre, elles sèchent l'instant d'après*

C'est dans ce contexte que surgit le drame, l'épreuve, la chute – la chaleur suffocante du doute contre lequel l'individu s'était pourtant consciencieusement protégé. Le malheur vient à la rencontre de l'homme et le désespoir l'envahit. Quittant alors la route bétonnée du début, il aborde son **deuxième cœur**. Là, en quête de solutions, il s'écarte du chemin des sages et ose rejoindre les endroits pierreux d'un discours nettement moins conformiste et systématique. Et c'est dans ce nouvel enthousiasme qu'il voit soudain la graine évangélique éclore en lui. Elle lui apporte **l'espérance** au milieu du bouleversement qui vient de le toucher – celle d'une sortie extraordinaire de l'épreuve. À genoux, les mains tendues vers le ciel, pleurant, chantant, louant le Dieu, voici notre homme au milieu du deuxième terrain : il est en train d'ouvrir son deuxième cœur.

L'Évangile vient de germer à une rapidité quasi technologique qui rappelle la construction de la première route que notre homme croit pourtant avoir définitivement quittée. Quel est donc cet Évangile ? C'est l'Évangile de l'artifice, de l'immédiateté, de cette foi qui veut **voir pour croire**; une foi qui n'est donc pas la foi. C'est l'Évangile qui ne tolère pas l'épreuve. Aussi a-t-il précisément été réécrit pour devenir une sorte de gri-gri anti-épreuve. Mais bien entendu, la réalité avec ses adversités ne recule pas devant les chimères et les amulettes de ce genre… quand bien même on les agite au nom du Nazaréen! La chaleur suffocante des circonstances n'est en rien affectée ni intimidée par l'éclosion d'une *vérité* qui n'est qu'une pseudo-révélation. Bien au contraire, devant la déception, l'impuissance et l'espoir déchu, et tandis que la croyance s'évapore sous la chaleur, la fournaise est alors doublement ressentie par l'individu. En un rien de temps le bel enthousiasme pour l'extraordinaire brûlera. La spiritualité de ce cœur bienheureux va sécher sur place plus vite encore qu'elle n'a poussé.

3 · LES BUISSONS : *LES GRAINES TOMBENT AU MILIEU DES ÉPINES QUI ÉTOUFFENT LEUR GERMINATION*

Que fera l'homme parvenu à ce stade ? Ou bien il retournera sur le ruban d'asphalte sécurisé et confortable – sur le premier terrain et dans son premier cœur – plus ou moins enrichi par cette épreuve et vaguement honteux d'un épisode qu'il jugera excentrique. Ou bien il persévèrera et accèdera à son **troisième cœur** qui est le troisième terrain.

C'est ainsi que la charrue de l'Évangile progresse. Après avoir retourné le goudron, la semence a certes trouvé des pierres, mais aussi un peu de terre où la pousse était parvenue quelque peu à percer. Désormais le soc du semeur laboure plus profondément dans le cœur et il y découvre beaucoup plus de terre meuble pour y déposer ses graines.

Hélas, cette terre est encore trop proche de la première route ; elle est encore trop influencée et polluée par la technologie des terrassiers de la morale, de l'ordre scientifique, de ce monothéisme vociférant ses lois du bien et du mal. Cette terre-là, ce cœur-là espère encore faire du semeur un Roi de ce monde : le troisième cœur exige lui aussi de la parole semée un résultat immédiat et un bonheur ici-bas comme preuve de la Toute-Puissance. Incapable de voir ce vers quoi l'Évangile le conduit, l'homme reste donc maladivement en souci du monde, de sa sécurité, de sa prospérité – de son Ego en somme.

Au cours de cette troisième étape spirituelle, et alors que la croyance semble trouver plus de racine et d'humidité pour s'épanouir, l'attitude commune de l'homme est généralement la suivante : construire une église, une synagogue, une mosquée, une université... et changer le monde ! Plus encore. On transforme les buissons épineux en fleurs religieuses et en couronnes pour orner la civilisation, car on se propose tout simplement **au service de la Cité**. C'est-à-dire qu'on travaille à enjoliver l'asphalte de l'éminence du premier terrain ; on s'efforce de plaire au premier cœur, de recevoir de lui et avec lui les biens que sait offrir la Terre des civilisés. On se bâtit un Messie à la mesure de l'homme, une idole en vérité, un Dieu qu'on peut vénérer sans se rendre sur les terres de l'impossible, c'est-à-dire sans devoir trouver **un nouveau cœur** – celui du quatrième terrain.

Ainsi la boucle est bouclée. L'homme de la parabole tourne en rond autour de ses trois cœurs, et ce triptyque forme un jeu de miroirs où chaque cœur est au service de l'autre pour simuler un effet de Progrès. Par un phénomène tantôt antagoniste tantôt auxiliaire, l'ensemble forme un tout cohérent et complémentaire qui produit le fameux processus d'**évolution positive** de l'homme. Les trois premiers cœurs de *la parabole du Semeur* sont un seul et même cœur : celui du terreux, celui de l'*homo-sapiens* pour qui le quatrième cœur reste inaccessible — cette dernière terre de la parabole où vivent les hommes qui ont brisé leurs cœurs glaiseux : qui ont brisé l'*Adam*.

4 · L'Humus : *LES GRAINES TROUVENT UNE TERRE RICHE ET BIEN PRÉPARÉE ET LA MOISSON EST ABONDANTE*

C'est *la terre-pas-encore-là*. Incognito ici-bas et *terre-de-là-bas*, elle est l'Autre-homme et un miracle ; elle est cette moisson qui vient, cachée dans la Résurrection et à peine perceptible dans notre réalité.

Le quatrième terrain de *la parabole du Semeur*, c'est une autre identité. C'est la nature qui naît du *Fils de l'homme*. C'est cette nature qui a vu le « Non » de l'Évangile **labourer toutes les possibilités humaines**. Cette quatrième terre est pour l'homme de Foi son véritable cœur, tandis que les trois autres sont la continuelle tentation de rendre le Christ raisonnable et logique, la tentation de faire de Lui un co-bâtisseur des vérités éternelles qui règnent ici-bas de façon si inhumaine. C'est ainsi que l'homme de Foi est, du sein de son quatrième cœur, engagé dans une lutte impitoyable contre ce retour au religieux, au dogmatique, à l'ecclésiastique – contre les trois cœurs du terreux qui gisent encore en lui. Le fruit qu'il produit lors de ce combat est cette authentique spiritualité – **entièrement donnée par le Semeur**. Un fruit invisible qu'aucune balance ne peut peser ni aucune règle mesurer. Ce fruit-là sera découvert *post-mortem*, car il ne consiste ni en obéissance, ni en bonnes œuvres, ni en vertus, mais en l'impossible de la Résurrection. Le poète allemand RAINER MARIA RILKE – malgré son aversion pour le christianisme officiel – dit quelque part dans sa correspondance que sa tâche, en tant que poète, consiste à : *transmettre à l'homme la familiarité que possède la mort avec les joies et les splendeurs les plus profondes de la vie.* Il affirmait que la mort était « **la complice de tout ce qui vit.** »

Tel est bien le sens de *la parabole du Semeur* — Le Semeur *sortit pour semer...* et au fil de cette œuvre incompréhensible, il malmène sans complexe ni scrupule cette complicité logique qu'a la mort avec la vie. Son objectif ? C'est de labourer tes cœurs. Son dessein ? C'est de te tuer ! Aussi a-t-Il dit ailleurs : « Je suis la Résurrection et la Vie », lui qui est venu mettre à mort l'*homme* et engendrer le *fils de l'homme*. Car le quatrième terrain c'est cette terre de la Résurrection qu'ici-bas tu ne peux appréhender qu'incognito. C'est cette **identité** extraordinaire vers laquelle le Christ conduit celui qui l'aime... en lui ouvrant la mer rouge ! C'est-à-dire en lui donnant de **dépasser**, certes, et la Vie et la Mort... mais surtout, les vérités éternelles du grand-Un, de la raison, ces dieux qui ordonnent encore en notre monde et d'une main de fer ces deux Titans de la terre.

Les quatre terrains de *la parabole du Semeur* sont bien un seul et même cœur ; ils représentent le cheminement d'un homme dont l'Esprit s'emploie à briser les cœurs de terreux pour découvrir l'impossible cœur de chair que Dieu veut lui donner. Et si aujourd'hui te voilà au bout du bout de toutes

tes terres, c'est que peut-être le Christ est en train de te faire entrer dans l'impossible de cette nouvelle vie, de ce quatrième cœur, de ce nouvel être que tu es en vérité et qu'Il ressuscitera un jour ; de ce cœur qui un jour sera rempli d'eau vive et de l'**infini des possibles**[1]... N'en vois-tu pas l'horizon ? N'en sens-tu pas les effluves ? Si comme moi tu te délectes de cet air-là, si toi aussi tu aimes à te plonger dans les ténèbres de la Foi, espérant qu'il te soit donné du ciel de persévérer jusqu'à la fin dans cet élan... c'est que probablement nous sommes **frères**, unis par cet étrange labeur existentiel de l'Esprit. Dans une telle fratrie, tu l'as bien compris, l'Église n'est plus, elle qui gît au milieu des épines et sur les routes goudronnées des gens cultivés et sociables. Car dans une telle fratrie, tu l'as bien compris – tous sont akklésiastiques.

---

[1] Pour reprendre l'expression de KIERKEGAARD.

II - ...À L'INCOGNITO

À propos de la connaissance de Dieu, de l'autre, et des dieux

1

CONNAÎTRE L'AUTRE EST IMPOSSIBLE. Connaître son prochain, et de même, connaître l'être qui est le plus proche de soi – conjoint, ami, complice, alter ego... et Dieu y compris – c'est impossible. C'est littéralement et *stricto sensu* impossible ! Le problème qui se pose est un problème de RÉALITÉ. Quelle que soit la proximité que j'ai avec l'autre, celui-ci existe dans sa réalité propre et particulière : son existence individuelle. Le connaître suppose donc que J'ENTRE DANS SA RÉALITÉ.

A priori la chose semble pourtant aisée... car ici-bas les individus partagent les uns et les autres une même Réalité englobante : *mère Nature*, avec son espace, son temps, sa matière et ses majestueuses lois intellectuelles et morales que l'homme civilisé intériorise. Cet ensemble forme l'enclos d'une gigantesque bergerie dont nous sommes les brebis. C'est ainsi que cette nature-Humanisée semble vouloir unir en elle toutes nos « petites » réalités existentielles subordonnées. Les *êtres-existants* que nous sommes tous lui appartenons sans conteste. Nul n'a la moindre possibilité de lui échapper. Elle se vante donc d'être la seule capable de réaliser l'unité et la concorde entre tous les *êtres-existants*, la seule à détenir le pouvoir de LA CONNAISSANCE DE L'AUTRE.

Car cette faculté de la connaissance de l'autre est la condition *sine qua non* pour faire régner la Paix entre les hommes. La transparence de l'autre doit être absolue ; tout secret doit être aboli. Le secret, c'est le soupçon d'une autonomie par rapport au Tout ; c'est le germe d'une rébellion et le risque de mettre en échec la sainte Unité visée. Ainsi la Réalité englobante a-t-elle pour mission de me faire connaître mon prochain ; et cela, dans une telle communion qu'elle doit être fusionnelle. Elle a pour mission de me faire PÉNÉTRER DANS LA RÉALITÉ DE L'AUTRE sans qu'un seul atome d'ombre en lui me soit encore interdit... et réciproquement.

C'est à ce titre que la nature-Humanisée m'offre d'abord la possibilité d'être boulanger avec le boulanger, ingénieur avec l'ingénieur, etc. D'ENTRER DANS LA CONNAISSANCE DE L'AUTRE par la porte de sa profession, en tant que collègue et pair. Elle peut me conduire un peu plus loin. Je peux entrer dans la réalité de mon prochain par un rapport amoureux, entrer dans le monde de ses émotions et dans ce cas le connaître bien davantage. Et plus loin encore, je peux entrer dans son univers intellectuel. Je peux partager avec lui la même pensée, la même philosophie de vie, la même religion ou la même morale... devenant ainsi son *frère* pour former avec lui une communauté soudée. Mais laissons-nous emporter vers des sommets bien plus élevés. Entrons chez l'autre par la porte monumentale de l'Empire du Temps. Tels ces vieux couples qui ont vécu ensemble cinquante ou soixante-dix ans. Il semble dès lors que la connaissance de l'autre ne recèle plus un seul secret pour l'un comme pour l'autre.

Ayant plongé leur vie entière dans le même fleuve, chacun est pour l'autre une sorte de devin. Chacun SAIT L'AUTRE par anticipation.

La Nature offre donc aux individus et aux peuples une très large panoplie d'outils pour que chaque-Un ait de son prochain la plus haute connaissance et que de là émerge une société en paix. Elle les leur offre en abondance. Puis elle les enseigne et les initie avec patience et abnégation, sacrifiant même des populations entières à ce projet pour que les meilleurs, LES PLUS CIVILISÉS, atteignent la paix qui doit en résulter. Elle tire parti de toutes ses armes jusqu'à l'usure finale, parfois de façon brutale et parfois avec un talent raffiné. Le temps ; l'espace ; la matière pleine de *pathos*, d'émotions et de tragédies ; l'*ethos* avec son art, son intelligence, ses concepts, ses morales les plus subtiles et ses logiques techniciennes les plus hardies. Les individus, suppose-t-elle, seront bientôt assemblés, agglomérés dans la plus intime unité qui soit ; ils formeront une communauté parfaite où chacun ne sera, en somme, que le membre d'un corps invisible, le corps de l'ADAMITÉ, le corps invisible de la Nature transfigurée : l'Humanité. Cette Humanité qu'elle a fabriquée en dissolvant en elle tous les *êtres-existants* par une connaissance logique, minutieuse et certaine.

Nous savons fort bien que cette vision idyllique des rapports humains ne fonctionne pas. Cette supposée connaissance parfaite de l'autre ne sera jamais dans la réalité d'un peuple, au mieux, qu'une politique de la chose publique, de la *res publica*. C'est-à-dire UNE TOLÉRANCE DE SURFACE. Une tolérance tellement pensée et parfaite dans l'abstrait, dans l'irréel, qu'on croit pouvoir l'étirer à l'excès dans la vie concrète. C'est alors qu'on atteint une hyper tolérance, un hyper conformisme où chaque-un est une sorte de duplicata de son prochain. Une réalité d'abord ubuesque, qui devient très vite invivable. La tolérance zélée se mue alors en un système sécuritaire de l'observation totale. Les lois intellectuelles incarnées en techniques transforment la Réalité englobante en une multitude d'yeux surveillant chaque-Un avec froideur et sévérité. C'est ainsi que la tolérance va jusqu'à sa rupture. Pour se justifier, elle sacrifie les *êtres-existants* — non pas les faibles, mais les trop-libres qui menacent la cohésion du tout : l'Humanité. « Plus j'aime l'humanité en général, moins j'aime les gens en particulier, comme individus », faisait dire Dostoïevski à l'un de ses personnages, médecin de son état, « En revanche, » continuait-il, « invariablement, plus je déteste les gens en particulier, plus je brûle d'amour pour l'humanité en général. » (*Les Frères Karamazov*, livre II, chap. IV).

Quant à ce rêve de couple paradisiaque rempli d'une angélique connaissance de l'autre, quiconque a vécu intimement avec quelqu'un durant une dizaine d'années sait fort bien qu'il ne suffit pas d'accumuler en commun une colossale somme de temps, d'espace, d'émotions et de pensées pour que la connaissance de l'autre soit atteinte et l'unité inébranlable. Il semble même que ce soit LE CONTRAIRE et que ce type d'accumulation rende LE MYSTÈRE DE L'AUTRE plus profond et ses secrets plus inaccessibles.

Assurément, la Nature et l'Humanité sont tragiquement en manque d'un *quelque chose* pour parvenir à la connaissance de l'autre. Quel paradoxe : l'Humanité ne connaît pas l'homme ! Et pour simuler cette connaissance elle se doit de déshumaniser l'individu. Elle se doit de lui arracher sa **qualité** d'*individuum* — d'indivisible. Elle fait de lui le membre d'un corps commun, le grand-Tout, ce fantôme **qui seul reçoit alors la qualité** d'indivisible. Lorsque l'Humanité dit « Que tous soient Un », elle affirme en vérité : « Il est bon que moi seul, je sois l'Individu ; car l'individu ne doit être que l'ensemble-Tout. Maudit soit donc celui qui s'en sépare en refusant de fusionner en moi et de céder son indivisibilité. ». Il s'ensuit que cet être qui gît dans l'Humanité, l'humain que nous sommes, voici qu'il n'est certainement pas l'*homme*. L'Homme, probablement, N'EST PAS ENCORE NÉ. Et cet Homme, qu'il faudrait dès lors appeler le FILS DE L'HOMME, s'il existe, existe en dehors de l'Humanité parce qu'il est l'*Être-existant* par excellence. Aussi KIERKEGAARD avait-il raison : « Chaque homme particulier est seul ».

2

Tentons désormais de dépasser cette logique toute humaine et si naturelle. Essayons de parvenir à la connaissance de l'autre en entrant dans Sa réalité par une PORTE DÉROBÉE. Il me semble en effet qu'en pénétrant l'espace de ses rêves, là, à l'intérieur même de son sommeil, au plus profond de ses nuits, je réussirai peut-être à découvrir de mon prochain ce que nulle logique ne parviendra à me dire.

Attention ! Je ne parle pas ici de pratiquer une sorte d'*oniromancie*, cette lecture divinatoire ou prophétique des rêves pratiquée depuis l'Antiquité dans toutes les cultures. Je ne parle pas non plus de professer une « psychologie des profondeurs » dans le cadre d'une cure psychanalytique. Respecter les catégories et les concepts de cette spécialité médicale en m'appuyant sur les recherches de ses maîtres, tels que JUNG ou FREUD, pour analyser les rêves, ce n'est qu'une tentative de FAIRE MUER la divination par interprétation des songes en une science. La psychiatrie et la psychologie médicale parlent encore et toujours de LOGIQUES. Logiques d'une interaction entre l'homme et son environnement; logiques et conséquences de cette interaction sur le développement de nos personnalités et de nos vécus. Mais pour leur part, elles encadrent leurs discours de façon académique en prenant bien soin de parler des *Lois logiques de la psyché* là où les anciens parlaient des *Lois logiques des dieux*.

Entre ces deux pratiques il n'y a fondamentalement AUCUNE différence. Le devin qui interprète les rêves, bien que *devin*, suit quand même une réflexion *raisonnable* pour penser le lien entre son client et son environnement, puis il légitime cette analyse constructive avec le nom de son dieu. Un fait notoirement connu par les chercheurs. Le mythologue MIRCEA ELIADE le souligne avec force lorsqu'il explique que *grâce au mythe, le monde se laisse saisir en tant que cosmos parfaitement intelligible*: « La fonction du mythe est de révéler des modèles, et de fournir ainsi une signification [intelligible] au Monde et à l'existence humaine. » (*Aspects du mythe*). Pareillement, le psychologue ou le psychiatre va suivre une pensée *raisonnable* pour « fournir une signification intelligible à l'existence humaine ». Lui aussi éclaircit intellectuellement l'interaction de son patient avec le monde, mais il légitime son travail par le dieu-Science. Et de même qu'il y a des psychiatres déséquilibrés, il y a des voyants aveugles.

Ainsi donc, lorsque par exemple Joseph interprète le rêve de Pharaon concernant les sept vaches grasses et les sept vaches maigres (Gn 41), il voit juste puisque la réalité confirma son avis. Toutefois, l'interprétation, une fois donnée, s'avère être **de toute logique**, d'une logique lumineuse ; *un coup de génie* dira-t-on. Soyons plus humbles et disons simplement — qu'il fallait y penser ! Or, nul n'y a pensé, à part Joseph. Certes, les plus « spirituels » lui donnèrent le titre de prophète, mais l'administration égyptienne en fit simplement un chef politico-économique tant son intelligence, précisément, c'est-à-dire son appréhension et sa compréhension des choses intelligibles, était supérieure : « Puisque Dieu t'a fait connaître toutes ces choses, il n'y a personne qui soit aussi intelligent et aussi sage que toi », lui dit Pharaon (41^{39}).

Est-ce parce ce que la façon d'analyser son époque était chez Joseph plus affûtée et sa lecture de la réalité d'une pénétration remarquable qu'il sut interpréter le rêve de Pharaon avec succès ? Ou bien est-ce parce qu'il était en contact avec ce que le texte nomme le divin ? La chose est pourtant simple : les deux ! Et Pharaon l'avait parfaitement compris : « Dieu t'a rendu plus sage et intelligent que tous ceux-là » (41^{39}). Soit donc, la véritable question est la suivante : quel est ce « divin » auquel Pharaon et Joseph se réfèrent ? Il s'agit fort simplement des dieux de la Réalité englobante. Nous parlons ici de **pragmatisme** et d'une divinité administratrice qui a pour nom le dieu-Torah : le Dieu des lois. Joseph comprenait cette administration rationnelle du Monde mieux que les augures d'Égypte. Il réussit à tendre son intelligence afin d'observer **les racines du réel** avec plus de subtilité que les autres. Lorsque trente siècles plus tard Adam Smith,

Einstein ou Freud s'attelèrent à mieux saisir la réalité en la théorisant à l'excès — ils fournirent le même effort. Smith anticipa la pauvreté et la richesse d'un pays par l'économie ; Einstein devança la faiblesse ou la force de la réalité par la physique ; et Freud crut prophétiser l'équilibre mental de l'homme en utilisant la psychologie individuelle.

Entre Joseph et les modernes il y eut simplement un travail considérable de l'intellect pour épurer de l'administration du Monde le concept « dieu ». Cela fait, une trentaine de siècles plus tard, on donna au dieu-Torah le nom de Torah, de Lois, c'est-à-dire de Science. Mais on parlait exactement de la même chose : du pragmatisme de la réalité gérée par les Lois. Ainsi demandons-nous désormais aux ordinateurs d'analyser nos études, nos graphiques et nos statistiques pour prévoir l'avenir. Joseph avait ingénieusement saisi que demander au divin c'était demander à la Science des lois. Il avait compris que pour modifier et devancer la réalité il faut réfléchir sur les *arkhès*: sur les autorités qui gèrent le Monde. Il faut réfléchir *avec* les dieux, réfléchir *avec* les lois qui dominent le réel. Et son travail paya. Sa rencontre avec les dieux le fit prospérer puisqu'il devint *plus intelligent que les autres*, comme en conclut Pharaon. Il devint, non pas prophète au sens religieux du terme, mais au sens politique. L'Égypte donna au fils de Jacob le titre d'administrateur en chef de la Société. Soit donc, le même titre que portent les dieux, eux qui administrent le collectif par leurs puissantes lois. Décidément, l'Égypte était bien moderne.

Entre le voyant et le scientifique il n'y a qu'une différence de méthode. En utilisant des outils archaïques, les anciens en étaient souvent réduits à bricoler, comme le personnage de série TV *Mac Gyver*, avec une boîte de conserve, du fil de fer, du chewing-gum et du ruban adhésif... Ils avaient besoin de recourir à des pratiques étranges telles que l'incantation, le marc de café, les philtres, les amulettes, etc. C'est ainsi qu'ils palliaient à leurs lacunes en termes de contact avec les *arkhès*, les dieux : les lois de la réalité. Leur intelligibilité encore trop brute ne permettait au dieu-Lois de leur offrir qu'une compréhension médiocre du réel. Mais les modernes usent désormais d'outils pointus et sophistiqués à force d'avoir développé ces premiers commencements de l'intellect. Les palliatifs ne leur sont plus d'aucune utilité. Or, ils ont une réussite prépondérante face aux anciens. Pourquoi ? Parce que **LES DIEUX SONT DES SCIENTIFIQUES**, de pures mécaniques légalistes mises en place pour organiser dans le temps : l'espace, la matière et l'énergie. Aussi ouvrent-ils aux modernes la porte de mystères que les anciens verraient de nos jours comme des prodiges.

C'est pourquoi le poncif qui consiste à dire que « les Anciens étaient plus proches des dieux » ne tient pas. La Science possède avec les dieux une **PROXIMITÉ** inégalée. C'est plus exactement une promiscuité, une proximité malsaine, puisqu'en grandissant elle renforce notre soumission à leur égard. C'est-à-dire que nous sommes de plus en plus faits **À L'IMAGE DES DIEUX** : nous devenons des êtres *théoriques* ! Il s'ensuit que la connaissance de l'autre est de plus en plus un problème théorique, soit donc, un problème **INFERNAL**. En quoi l'humain aurait-il donc besoin d'être connu mathématiquement, à l'instar d'une machine, si ce n'était pour alimenter l'*inhumain*... ou, pour le dire plus sèchement : pour alimenter le diabolique.

3

Reste donc la dernière, cruciale et unique question ; car enfin, **Pharaon a réellement rêvé l'avenir** ! Qui donc a suscité à Pharaon son rêve ? Étaient-ce les dieux, les vérités éternelles, le dieu-Torah ? Ce rêve faisait-il partie d'un prodigieux scénario historique arrêté au sein de la mécanique divine ; un scénario dont Pharaon aurait entraperçu une très courte péripétie ? Manifestement oui. Le dieu-Lois avait pour projet d'établir Joseph à une haute dignité politique afin que son peuple, les Hébreux, puisse bientôt entrer en Égypte. C'est en tout cas de cette manière que le judaïsme lit le texte.

L'Égypte, haut lieu des savoirs de l'époque, était une étape **indispensable** aux Hébreux, un peuple alors ignorant et très largement en retard face aux techniques et aux connaissances égyptiennes. C'est pourquoi, à propos de cette famine annoncée par Joseph, famine qui conduisit les Hébreux en Égypte, les rabbins ne lisent pas : « Il y a du grain en Égypte » (Gn 42^2) ; mais « Il y a des connaissances », le grain faisant référence aux connaissances[1]. C'est ainsi qu'après une longue

---

[1] Voir notamment Jacob Gordin, *Écrits, Le renouveau de la pensée juive en France*, Albin Michel, 1995. « Mais dès avant que l'homme n'apparaisse, la terre avait commis une faute. Elle avait à produire un *ets-peri* (un « arbre-fruit ») (Gn 1^2), et elle a produit un arbre qui, au lieu d'être tout entier fruit, n'a fait que porter des fruits ; le fruit est précédé de tronc, de branches, de bois, d'écorce, toutes matières opaques. [...] Les fruits sont cachés d'écorces. [...] Nous traduisons l'hébreu *shéver* par « grain », mais la racine du mot signifie « casser, briser » (pour utiliser le grain, il faut « casser » le blé, le séparer, l'écraser, le pétrir ; opération agricole analogue à la création et à la séparation entre la lumière et les ténèbres). Jacob s'est aperçu qu'il y a de la « casse » (*shéver*) en Égypte (Gn 42^2) [...] des étincelles de sainteté y sont cachées sous l'obscurité... » Une réflexion simplement résumée par la fameuse formule des cabalistes : « Les

période d'éveil religieux et intellectuel, les Hébreux sortiront d'Égypte avec précisément un maître formé aux sciences de l'Égypte : « Moïse était très considéré en Égypte, aux yeux des serviteurs de Pharaon et aux yeux du peuple » (Ex 11^3).

Enfin enrichis des plus hauts savoirs de l'Antiquité, les fils de Jacob pourront recevoir la Torah ! L'Histoire faisant, ils s'en serviront pour fonder une théocratie inédite puis investiront le Monde de ce *saint enseignement*. Telle est LA MISSION que l'administration divine avait en projet en communiquant son rêve à Pharaon : la mise à part d'un peuple, sa sanctification pour parler religieusement, afin qu'il propage et initie les hommes aux Lois qui régissent l'Univers ; c'est-à-dire le dieu-Torah. Et cela, dira-t-on, dans le but d'apporter aux hommes paix, prospérité, bonheur, etc.

Cette lecture du texte par laquelle les Hébreux sont mis à part et envoyés parmi les Nations pour les éclairer intellectuellement et moralement peut certainement paraître saugre-

---

écorces viennent avant le fruit ». C'est-à-dire, explique JACOB GORDIN, que l'Égypte était une écorce dont il fallait « casser le grain » ; il fallait fracturer les ténèbres pour en extirper les lumières de la connaissance : « LES FRUITS SONT CACHÉS D'ÉCORCE ».

En outre, c'est une manière fort habile pour simplement dire qu'on va voler le travail fondamental d'un autre mais non ses façons extérieures de l'incarner. On va dérober son capital mais non la façon dont il l'investit. On va voler le joyau, mais non la monture ou la chaîne qui le porte. C'est-à-dire qu'on brise son mode de vie ; on « sépare » (*schéver*) ses valeurs morales et religieuses de leur fondement qu'il sera ensuite facile d'extraire. On s'accapare ses recherches scientifiques, son labeur intellectuel, ses équations principielles — les clefs de sa ville... Puis, on jette au feu ses dieux pour les remplacer par les siens. On récapitule donc pour soi les richesses d'autrui dans un mouvement dialectique et on les incarne dans une extériorité toute différente qu'on appelle le Progrès, la volonté de Dieu ou la lumière de la Raison. Un autre mode de vie avec ses autres divinités apparaît dès lors, mais il est fondé sur le même principe, sur LA MÊME VÉRITÉ qui a savamment changé ses masques, tout simplement.

nue et susciter de nombreuses oppositions logiques et scientifiques ; mais ce n'est pas cela qui m'intéresse. Je m'intéresse à la racine de cette situation. **Premièrement**, je m'intéresse au fait qu'il y aurait prétendument un scénario pré-écrit de l'Histoire, de la main même de divinités très organisées. Divinités à la tête desquelles régnerait le dieu-Torah, l'éminente puissance d'organisation scripturaire de cette Armée. **Secondement**, je m'intéresse à cette connivence existant entre les dieux et les hommes, connivence qui aurait permis à Pharaon et à Joseph d'avoir lecture d'une page du script.

Pour l'homme rationnel, cette façon archaïque de parler d'un scénario pré-écrit et d'une connivence avec les dieux qui permettrait de découvrir ce scénario est bien entendu absurde. De plus, les chercheurs vont accentuer le doute que l'instinct rationnel adopte immédiatement au cours de la première lecture biblique. Les sciences de l'histoire montrent en effet que de nombreux passages bibliques ont été travaillés dans un but de propagande. Difficile alors de séparer le noyau de vérité historique des ajouts tissés par les différents scribes. Pourtant, un fait retourne radicalement la situation et nous retient d'adopter trop rapidement les conclusions du rationnel. Ce fait est tout simplement la lecture de l'Histoire qui succéda au rêve de Pharaon. L'absurde se trouve étrangement confirmé par les faits historiques, par l'observation des combinaisons politiques et autres évolutions des Nations... Si la rationalité et la recherche scientifique ont une certaine utilité, il semble bien qu'elles ne soient pas aptes à conclure. Un quelque chose leur échappe encore, un quelque chose de crucial.

Je m'explique. Nous savons que la Loi est la substance dont sont faits les dieux. Les dieux sont faiseurs de lois et diseurs de lois. La Loi est le dieu de la réalité. La Raison règne et ses paroles sont toutes-puissantes. C'est le *Logos* des Grecs, la logistique du *Karma* de l'Asie, les rigoureuses *Prédestinées* d'Allah, etc. Dans l'ANCIEN TESTAMENT, cette idée est répercutée par les deux termes *Élohim* et *Torah*. Le terme *Élohim*, bien que malencontreusement traduit par le singulier « dieu », signifie littéralement « les dieux » ou « les déesses ». Et le terme *Thora* qui est généralement rendu par « Loi » est rattaché au dieu *Yahvé*. Ce *Yahvé* compte d'abord parmi les Élohim ; il est le dieu propre aux Hébreux, porteur de l'alliance de la Loi. Il est législateur. Puis il devient finalement le DIEU-UN, législateur universel d'où émanent les Élohim[2]. Le dieu-Torah est donc vu comme le dieu des lois, tout comme on retrouve ce concept dans les autres philosophies et dans l'ensemble du polythéisme. Il est lui aussi un écrivain de l'Histoire qu'il veille à mettre en œuvre d'une main de fer ; la main de ses messagers portant ses ordres : sa Parole.

C'est pourquoi les dieux possèdent une technique d'ANTICIPATION extrêmement pointue. Une technique qu'un million d'EINSTEIN ne sauraient même effleurer. Les dieux comprennent totalement la mécanique climatologique, la

---

2 Les cabalistes rendent quant à eux la chose encore plus transcendante avec l'Infini inconnaissable : le *Ein-sof*. Selon eux, *Yahvé*, *Élohim*, la *Shékhinah* ou encore les Anges ne seraient que les manifestations de l'*Ein-sof* ici-bas. Le même effort est produit dans le bouddhisme et l'hindouisme avec les innombrables interprétations qu'on rattache aux concepts de *Brahman* et *Parabrahman* : le principe ultime infini et absolu, l'impersonnel inconnaissable, non-duel, inconditionné, sans qualité et sans attributs.

biologie végétale et animale, la mécanique quantique, l'organisation des cellules, etc. Ils sont en eux-mêmes ces mécaniques et ces biologies. Ils n'ont dès lors aucune difficulté pour **ANTICIPER LES CONSÉQUENCES GÉOPOLITIQUES** des deux phénomènes prédits dans le rêve de Pharaon : l'abondance et la pauvreté dont ils sont précisément les instigateurs au cours d'événements écologiques divers.

À l'inverse, leur point de vue sur **LE TEMPS** historique n'existe pas ! La frise chronologique de l'Histoire leur est en vérité totalement cachée : **ILS SONT AVEUGLES DU FUTUR**. Ils ne peuvent que deviner, augurer, pronostiquer, calculer à partir de la logique des lois dont ils sont la structure même. Mais ils ne voient pas le futur. Ils ne voient pas dans l'avenir les répercussions réelles que déclencheront les lois qu'ils manipulent. Ils ne peuvent qu'entrapercevoir par leur logique l'horizon des phénomènes que la vie produira. Bien que leur science du pronostic soit extrêmement acérée, ils ne discernent pas au-delà du pronostic. **CET ABSOLU** de celui qui verrait réellement l'événement qui n'existe pas encore leur est fermé. En somme, **CE SONT DES DEVINS**. Toute mathématique est en vérité un acte divinatoire, car les mathématiques sont ce par quoi l'extraordinaire, comme nous l'appelons, est gouverné. Les mathématiques sont le moteur placé derrière le rideau d'un phénomène qui apparaît sur scène. Il semble magique au spectateur parce qu'il ne connaît pas les mathématiques, voilà tout. Quant au scientifique, si lui parle de mathématiques et non de magie, c'est parce qu'il va à l'essentiel. Il sonde l'**EN-SOI** profond d'un phénomène sans s'arrêter à son effet. Il sait tout bonnement que l'en-soi de la magie, c'est là la pure rationalité. L'extérieur est magique au profane, mais l'intérieur est logique à l'expert. De fait, tout prix Nobel scientifique est un prix en sorcellerie, et l'éminent professeur de physique serait assurément adoré comme un dieu par le chamane de la tribu Washo ou par les mages égyptiens.

Mais la sorcellerie divine et scientifique la plus prospère et la plus achevée est la suivante. Les dieux ont fait accroire aux hommes qu'ils ont une pleine vue de l'avenir tandis qu'ils ne sont que d'excellents pronostiqueurs. Leur magie suprême, c'est d'avoir convaincu les hommes que l'« Histoire est écrite », que le dieu-Torah a tout écrit et prédestiné par avance et que son scénario dialectique sera scrupuleusement suivi. C'EST FAUX.

Si donc le dieu-Lois a parlé à Pharaon dans son rêve, il n'a fait que lui partager ses habiles calculs et pronostics en termes de géopolitique. Il lui a assuré en outre qu'il pouvait parier sur Joseph puisque ce dernier avait le talent de lire le pronostic. Si tel est bien le dieu-Lois qui a agi de sa propre initiative, nous n'avons affaire ici qu'à un acte divinatoire de géopolitique fichtrement réussi.

4

Mais observons désormais le réel. Déroulons sous nos yeux la chronologie des siècles. Le calcul futuriste que le dieu-Torah proposa aux Hébreux durant l'Antiquité s'est-il avéré exact? **PREMIÈREMENT**. Pour ce qui est de l'événement immédiat que sont les années d'abondance et celles de stérilité en Égypte: nous n'avons aucune preuve. **DEUXIÈMEMENT**. Concernant la perspective missionnaire des Hébreux. À savoir, que le monde soit imprégné des lois, et par conséquent que la logique du dieu-Lois domine le

Monde ; que la société devienne technicienne et l'humain de plus en plus un être théorique ; que la moralisation soit de plus en plus détaillée : Oui. **Troisièmement.** Si nous pensons que la prophétie annonçait l'universalisme du judaïsme religieux : Non.

Mais peu importe l'échec de ce dernier point et le doute qui persiste sur le premier, car c'est le second qui seul compte : la mission du dieu. Sa volonté à voir **les Tables des lois gouverner le Monde** ; son courroux pour que les consciences s'éveillent aux exigences du Bien ; et sa didactique de persuasion pour conduire l'humanité à se civiliser par les connaissances ! Tel est l'esprit de l'**Ancien Testament**.

À ce propos, un autre phénomène éveille la curiosité : celui du Christ. Le personnage était précisément juif. De plus, c'est la culture qui s'est bâtie autour de sa religion, le christianisme, qui domine en effet le Monde. Une religion qui a habilement recyclé l'esprit de la Loi. Elle est tout imprégnée de son moralisme et de sa volonté politique, soit de façon brutale et théocratique, soit plus *démocratiquement* en s'efforçant d'être **une autorité** écoutée dans la Société. C'est elle qui influence le plus puissamment notre réalité depuis 20 siècles, telle une locomotive pour les Nations. — On me dira : « Mais le christianisme s'est complètement mêlé et imprégné de la dogmatique grecque, et il nous est impossible de nier que la pensée grecque est une **force vive intellectuelle** fondamentale du Progrès ». C'est vrai. Mais peu importe.

Car la raison grecque est justement, **elle aussi**, une philosophie du dieu-Lois. Rien de plus normal que le christianisme l'ait rejointe s'il veut accomplir l'augure de Joseph, cet administrateur des lois qui fut parmi les premiers maillons du processus qu'il annonça. Et d'ailleurs, n'y a-t-il pas déjà soupçon d'une autre élection que celle des Hébreux dans le texte de l'Ancien Testament ? Celle des penseurs grecs ? Ou peut-être même une élection venant d'un autre pôle de l'humanité ? En effet, devant le veau d'or, le dieu (*Yahvé* dans le texte), répugné par la mauvaise volonté des Hébreux, dit à Moïse : « Maintenant laisse-moi ; ma colère va s'enflammer contre eux, et je les consumerai ; mais je ferai de toi une grande nation [autre que les Hébreux]. » (Ex 34[10]).

L'idée est déjà là, en germe : les Hébreux **ne suffiront pas** à une telle tâche du dieu ! Les Hébreux seuls ne suffiront pas à théoriser le Monde en lui imposant lois sur lois, règles sur règles et contrôles sur contrôles des mises en application de la Justice. Et si les philosophes grecs constituent un excellent renfort, cela ne suffira pas non plus ! Il faut que **tout le monde** s'y colle ! D'ailleurs, et c'est risible, le judaïsme et la pensée juive sont de nos jours complètement gorgés de pensée grecque. Il en va de même de l'hindouisme et du bouddhisme tant la philosophie des réincarnations n'est qu'une rationalité mystique de la dialectique de la Raison. Quant à l'islam, il n'est qu'une Torah arabe. Et nous ne parlerons pas de l'athéisme, lui qui sert avec talent le dieu-Torah par l'entremise **directe** d'une adoration des penseurs grecs.

Décidément, le dieu-Lois a vaincu. Il est plus que vainqueur. Ses Lois sont le Roi : le Roi des rois. Pourtant, il est incontestable que les Hébreux n'ont pas suffi à réaliser la prophétie de Joseph. Ils ont notamment fait beaucoup d'erreurs ; ils ont manqué d'intégrité et dans leur majorité ont été trop médiocres. Ainsi le dieu a-t-il eu besoin de susciter partout des vocations. Les Védas, Aristote, les Papes, Mohamed,

Descartes, Newton, Hegel et les Lumières... ont été appelés à la table de travail pour accomplir cette « sainte mission ». De là, enfin, mais je ne développerai pas ici : il faut que le monothéisme se transforme en MONISME.

Ainsi s'achèvera le chef-d'œuvre du dieu, et avec lui surviendra la fin des hommes. La Raison des lois régnera alors sans la moindre fausse note ni le plus infime soupçon — dans un lieu bien étrange. Sur une terre si hygiénique et tellement immaculée qu'elle sera SANS VIE ET SANS VIVANTS. Un monde angélique de la pure conscience où seules les consciences désincarnées pourront entrer. Des consciences incapables de se personnifier dans une vie concrète pour animer leur liberté ; un lieu où le risque de la liberté, ce monstre, sera enfin définitivement vaincu. Le monde de la mort, des béatitudes, du nirvana, du repos sabbatique. L'enfer.

5

Revenons toutefois au personnage du Christ. Car à son propos un élément échappe catégoriquement à cette trajectoire du tout-logique de la Raison. Un *quelque chose* chez le Christ s'oppose avec vigueur à Joseph et à tout l'esprit de l'Ancien Testament – mais de façon troublante, déconcertante, incompréhensible : le Christ s'oppose à cet esprit de la Loi TOUT EN L'UTILISANT. Il trompe, il leurre. Il attrape son ennemi en l'induisant en erreur puis le convertit pour en faire un ami.

En effet, si le christianisme colle parfaitement au scénario du dieu-Torah, nous savons que le christianisme n'est pas le Christ, mais SA SUBVERSION ecclésiastique tandis que l'Évangile est akklésiastique. Je vois chez le Christ une tout autre perspective se dessiner à propos de la Loi victorieuse que celle prophétisée par Pharaon et Joseph. Dans MARC, au chapitre 11, nous voyons le Christ parler à un figuier. Le malheureux arbre, tout naturellement parce que ce n'était pas la saison des figues, ne présenta aucun fruit au Christ qui désirait pourtant s'en nourrir. Ni une ni deux : « Que jamais personne ne mange de ton fruit ! » lui lance le Nazaréen. Et le matin du lendemain, c'est chose faite. En repassant devant le figuier avec ses disciples, ces derniers constatent que l'arbre est « séché jusqu'aux racines ». Il est mort.

Nous avons vu que le dieu-Lois n'a sur le Temps aucune prérogative. Il ne peut que pronostiquer l'Histoire SANS LA VOIR. Il peut bien sûr s'efforcer de l'amener vers tel ou tel scénario en usant de toutes les armes qu'il a en main, les lois avec lesquelles il régit le Monde ; mais il ne peut s'échapper. Il ne peut détacher le lien missionnaire qui le lie aux vivants. Il est esclave de sa Mission. Il ne peut donc se mouvoir sur la frise du Temps pour vérifier si ses manœuvres réussiront à s'incarner dans le futur des vivants. L'avenir lui est tout autant inconnu qu'à nous. Nous affirmons que ses lois sont éternelles, que le dieu-Torah est de fait éternel puisqu'il est lui-même la Loi, et toutefois IL EST ENGLUÉ DANS L'ÉTERNITÉ avec nous — lié à nous par les chaînes du Temps.

C'est le Temps qui, de l'extérieur, s'est soudain glissé là, à l'intérieur de l'Éternité. Le Temps est apparu à l'instant même où la vie et ses possibilités de changement – autrement dit l'Histoire – sont apparues. C'est alors que la Loi, en tant qu'administrateur et dieu de la vie temporelle, a elle-même été jetée dans le Temps pour organiser le vivant. Le dieu-Torah accompagné de ses dieux et de ses lois « **SONT TOMBÉS** dans le Temps » dirait Cioran — exactement comme les êtres vivants.

Il n'y a donc aucune différence entre les dieux et les hommes. Pour eux tous, l'Histoire est sans fin, elle ne cesse pas. C'est seulement qu'un jour elle ne changera plus. L'Histoire se déroule dans l'Éternité ; en quelque sorte côté pile, où elle se vit, et côté face, où elle vit sa mort. Nous qualifions le dieu d'« Éternel » parce que nous savons qu'il ne passe pas de la vie à la mort, tandis que les hommes y sont obligés. Toutefois les hommes *vivent* dans l'Éternité ; ils vivent une histoire qu'ils commencent côté vie pour la poursuivre côté mort où seule l'incarnation disparaît : le corps. Et c'est précisément sur cette face de l'Éternité que demeure le dieu-Torah : dans la mort. S'il ne passe pas de la vie à la mort, c'est parce qu'**IL Y DEMEURE DÉJÀ**. Il y demeure toutefois troublé et en travail, parce qu'il est encore relié à notre mouvement par la Mission qui l'attache à nos vies. Il est amarré à nos continuels mouvements de liberté que le Temps nous offre, des mouvements qu'il doit administrer par la Loi dans sa lutte contre le Chaos. Il languit donc que soient déliées ses amarres : que nous le rejoignions. Il entrera alors dans son repos. Aussi ne peut-il mourir puisqu'il est la mort elle-même. De là dit-on bêtement qu'il est « éternel ».

Tandis que le dieu gouverne les vivants, il sait que ces derniers le rejoindront bientôt pour poursuivre l'Histoire qu'ils ont commencée de leur vivant. Il sait qu'ils la continueront pour l'Éternité, mais cette fois **SANS** possibilités de changements, sans la vie : **SANS LE TEMPS**. L'Éternité redeviendra alors ce qu'elle est en substance, d'**UNE SEULE FACE**.

Un lieu fantasmagorique où nulle possibilité de sortie n'existe.

Que se passe-t-il en vérité dans ce lieu ? Fort simplement **le Temps se retire**. Il va dans une autre réalité — la sienne. Il se retire de l'Éternité dans laquelle restent englués le dieu et les morts. Et les possibilités de changement et la vie s'étant retirées avec le Temps, **c'est l'immobilité** de l'Éternité qui demeure. La Loi est figée, sa balance est en parfait équilibre et à jamais épargnée par le dynamisme, les variations et autres libertés que nous donnons à nos vies temporelles. Là, les morts, c'est-à-dire les consciences désincarnées, ne peuvent que se remémorer leur Histoire passée — éternellement. Leur Histoire passée est le futur. Le passé et le futur sont un. Tout est Un. C'est l'immobilité. Il n'y a plus de côté pile ou de côté face en réalité. Ne reste que le tranchant, l'Éternité. C'est **le repos**, le repos des Lois qui n'ont plus de vivants à nourrir de leurs paroles. Seules sont présentes des consciences qui vivent leur mort dans un silence qui leur est, à elles seules, assourdissant. Sans incarnation, les consciences n'ont dès lors aucune nécessité d'être gouvernées par les dieux. Les dieux chôment. C'est pourquoi il est dit : « Au septième jour, Dieu se reposa de toute son œuvre qu'il avait créée en la faisant. » (cf. Gn 2³).

Quant au huitième jour, c'est ce lieu qui échappe aux dieux, aux morts et aux prophètes du dieu-Lois ; c'est le lieu qui échappe à l'Éternité. C'est **le lieu dans lequel le Temps s'est retiré**. La Vie s'y est retirée avec lui, toujours aussi pétillante et pleine de son vouloir.

Or, lorsque le Christ assèche le figuier, il est à l'intérieur du huitième jour. Il est maître du Temps. Car il est relativement aisé d'arracher un arbre, ou même de le brûler. Il est également possible de l'assécher si on le prive d'eau ou si on laisse la teigne l'attaquer. Mais il faudra dans ce cas une longue période avant que l'assèchement soit total ; plusieurs mois, voire une année, peut-être même deux. C'est pourquoi assécher un figuier en une nuit comme le fit le Christ, **c'est agir sur le Temps**. La parole du Nazaréen a durant la nuit transporté le végétal à des années-lumière de notre monde en quelque sorte, là où une seule heure équivaut à une année. Le Christ a saisi entre ses mains l'Histoire du figuier, puis il l'a étirée de sorte que la nuit lui a été équivalente à dix années. Laissez donc un homme vivre une nuit qui aurait valeur de dix ans de sa vie avec la seule bouteille d'eau qu'il a sur sa table de chevet. Assurément, il mourra dans la première minute de sa nuit. L'arbre, plus résistant, mettra quelques heures à s'assécher.

Le Christ a une prérogative absolue sur le Temps ; tout au contraire du dieu-Torah. Or, parce que le Temps est la possibilité de changements, c'est l'Esprit – en soi le mouvement, la nouveauté et la transformation – qui insuffle le Temps. C'est pourquoi il est dit : « Il insuffla en l'homme un souffle de vie et l'homme devint une âme vivante. » (Gn 2[7]). L'homme devint alors une âme **temporelle** — commencement de la réalité : *bereshit*. Mais le but de l'Esprit est de donner à cet homme une maîtrise absolue sur le Temps, sur les possibilités de changement : sur **sa vie**. Il veut que l'homme soit en tout maître de son souffle. Il veut que l'homme puisse comme lui tenir le Temps entre ses mains et en faire ce qu'il veut. C'est-à-dire qu'il veut lui donner sa Nature ; non pas d'être seulement une « âme vivante, mais un **esprit vivifiant** », dirait Paul (cf. 1 Cor 15[45]). C'est ainsi que l'Esprit se fit homme, que la Vie se fit homme pour s'offrir aux siens : c'est le Christ. Voilà ce que nous raconte l'assèchement du figuier.

Il s'ensuit que contrairement à la Parole des dieux, la Parole du Christ est énigmatique. À sa Parole, telle ou telle vie peut se mouvoir dans son histoire personnelle, soit en partie, soit entièrement, et cela de façon illogique et irrationnelle. Elle peut se mouvoir en dehors des lois, en dehors du dieu-Torah. En sorte que pour le Christ il est possible que « ce qui a été jamais n'ait été », ou encore, dirait CHESTOV : « Ce qui est n'existait pas pour le Christ, n'existait pour lui que ce qui n'est pas. » (*Les commencements et les fins*). La réalité dans laquelle vit le Christ est bien celle du huitième jour. Il vit hors de l'Éternité, là d'où provient le Temps qui un jour se jeta dans l'Éternité pour la troubler de sa vie. Aussi le Christ a-t-il sur l'Histoire une **PLEINE VUE** et une pleine maîtrise ; sur l'histoire personnelle de chaque homme aussi. Une *prescience* dira-t-on maladroitement ; ou encore plus maladroitement : une connaissance de la *prédestinée* de l'individu. Il sait ce qu'un individu a été et ce qu'il sera. Il a de chaque homme **UNE PLEINE CONNAISSANCE**. Aussi pouvait-il choisir Paul ou Judas selon l'intériorité propre à chacun. **LE CHRIST PEUT ENTRER PAR LA PORTE DÉROBÉE DE NOS RÊVES.** Il frappera à la porte, la porte s'ouvrira et le dormeur ne s'éveillera pas.

Lorsqu'en outre le Christ s'est incarné, il s'est arraché du huitième jour. Là où est le Père, disait-il. Le Père, c'est l'Être que le Christ est lorsqu'il se trouve dans cette autre réalité. Le Père s'est donc jeté dans le septième jour. Il s'est jeté dans l'éternité, là où parut Jésus, *le Jésus de l'histoire*. Là où nous sommes. C'est à ce titre d'ailleurs, que lorsqu'on le questionna de la manière suivante sur la chronologie historique : « Dis-nous, quand cela arrivera-t-il, et à quel signe connaîtra-t-on que toutes ces choses vont s'accomplir ? » (Mc 13[4]), il répondit : « Pour ce qui est du jour ou de l'heure, personne ne le sait, ni les anges dans le ciel, ni le Fils, mais le Père seul. » (Mc 13[32]). Il confirma donc tout d'abord que les dieux sont aveugles au Temps. Mais plus étrangement il sous-entendit lui-même demeurer dans ce même aveuglement.

Et en effet, telle était la position du *Jésus de l'histoire*. Il vivait donc dans la Foi. En tant qu'Être qui s'était privé de sa prérogative sur le Temps en se jetant dans l'Éternité, il vivait par la foi. Il avait foi en sa substance — le Père. De lui il conservait entièrement toute possibilité sur le Temps, mais cette possibilité, il la conservait dans L'AVEUGLEMENT DE LA FOI, et non pas en tant que Père qu'il était en vérité. Lorsque toutefois il ressuscita et rejoignit sa Réalité, lorsqu'il « retourna au Père », il entra de nouveau dans sa prérogative de façon absolue.

Il faut discerner Jésus, et il faut discerner le Christ — un défi pour le christianisme. C'est pourquoi Paul disait : « ...si nous avons connu Christ selon la chair, maintenant NOUS NE LE CONNAISSONS PLUS DE CETTE MANIÈRE. » (2 COR 5[16]). Soit donc, lorsque le Nazaréen affirme la limitation à laquelle il s'était volontairement livrée, c'est pour nous signifier très exactement ce fait : nul homme qui est encore incarné ici-bas, qui est « tombé dans le temps », ne possédera jamais la couronne du Temps. Seule la résurrection offre cette victoire. Nul homme ne sera de nature *mortelle* tout en étant de nature *ressuscitée*. Même le Jésus de l'histoire refusa cette posture chimérique. Jésus vivait par la foi. Mais pas le Christ.

6

Par le Christ, nous savons donc qu'il existe un Être qui un jour a furtivement fait entrer le Temps dans l'Éternité. Et lorsqu'il introduisit la Vie dans ce fleuve temporel étreint par l'Éternité, les âmes vivantes purent y écrire leur histoire dans un processus de modifications continuelles. Cet Être est maître du Temps, de la Vie, de la Mort, des Lois de la réalité présente et de l'Éternité — **HORS DESQUELS IL EXISTE**. Il peut donc défaire la trame du Temps. Il peut en une parole, en un éclair, sur un événement précis de notre réalité, déplacer l'aiguille de l'horloge. L'événement **SEUL** verrait alors son temps se dilater ou se comprimer dans la seconde, et l'être vivant concerné par cet événement verrait soudain sa matérialité se modifier comme si **CET INSTANT** « qui a été jamais n'a été ».

Prenons un exemple. Il peut se saisir de l'*instant* ou des *instants* du passé d'un individu au cours desquels il aurait été victime d'un accident qui l'aurait handicapé à vie ; puis rétrospectivement, dans l'*instant* présent, modifier la temporalité de l'accident pourtant logiquement achevée. L'individu en question serait alors instantanément délivré de son handicap comme si l'accident ne fut jamais arrivé. Un paralytique verrait soudain cette vérité s'annoncer : « Si tu marches désormais, c'est parce qu'en vérité tu n'as jamais eu d'accident. » C'est en quelque sorte un miracle par processus **INDIRECT** : en contournant les Lois par l'arrière. Mais cet Être pourrait aussi bien **DIRECTEMENT** les contourner par l'avant, dans un face à face pour les faire ployer dans la réalité. Faire en sorte par exemple que la pesanteur n'ait plus d'autorité dans tel espace et à tel moment... et ainsi marcher sur l'eau.

Bref... une telle perspective nous conduit dans une réalité tellement illogique qu'il nous est impossible de la formuler sans paraître ridicule tant notre misérable langage est tout empoissé de logique. Dans cette réalité, la volonté seule tient lieu de raison, et jamais ici-bas nous ne pourrons comprendre une telle existence. C'est une réalité qui pour nous est littéralement **UTOPIQUE** et qu'il nous est impossible de toucher. Il nous est impossible de découvrir le mystère de cet Être, de **LE CONNAÎTRE** dans sa plus intime intériorité. Une seule chose est nécessaire à chacun : savoir que tout Lui est possible, et que rien ne lui est impossible dès l'instant où il se passionne pour moi.

Le Christ est l'incarnation directe de cet Être. De fait, il nous est impossible de le connaître : « L'impossibilité de la communication directe est le secret de la souffrance du Christ », disait KIERKEGAARD (*L'école du christianisme*). La réalité dans laquelle le Christ plonge les racines de son Être est pour nous essentiellement **UTOPIQUE** ; littéralement : un « lieu qui n'est pas » (à partir du grec). Ce qui est vrai. C'est un « lieu qui n'est pas »... dans l'Éternité. Un lieu qui n'est pas dans les lois, dans la réalité temporelle du bien et du mal où se succèdent la vie et la mort. Un lieu libre de l'Éternité et de ses dieux. Là-bas, les lois de l'espace-temps n'ont plus d'autorité mais sont directement **SOUMISES** à la volonté de l'Être. Là-bas, il n'y a pas eu de chute dans l'Éternité.

Toutefois, pour Lui, pour le Christ, cette réalité « utopique » est **LA VRAIE RÉALITÉ**. Pour Lui, c'est notre réalité à nous qui est fantasmagorique. Notre réalité est à ses yeux une chute dans les liens des lois *éternelles* qui contrôlent le vivant au sein du Temps. Une chute dans cet espace des lois dont les verrous sont faits de la matière même de l'Éternité. Notre Monde est donc pour l'Être une réalité infernale. Pourquoi ? Parce que notre Monde lutte contre l'**être** précisément. Le réel veut déshumaniser l'individu et le faire à son image ; en faire une mécanique d'obéissance absolue. Il veut en faire une **obéissance sans fin** à l'aide du puissant bras de l'Éternité, c'est-à-dire un être d'inertie : un mort. Cette perspective est pour lui un *repos* et une *béatitude,* car la mort signifie pour lui la fin du labeur harassant de surveiller et de dompter la vie auquel il est soumis. Mais le Christ pense et agit tout autrement. Il pense l'existence hors de l'Éternité, en dehors des **sans fin** obligatoires. La Vie signifie pour lui « être maître de sa vie ». S'il veut mettre fin, il met fin ; s'il ne veut pas, il ne le fait pas. Mais l'Éternité ne s'impose pas à lui ; l'Infini ne lui est pas une obligation. Une seule chose est infinie en lui, c'est la maîtrise de la Vie. Et même s'il décide que la Vie doit cesser pour entrer dans la mort, il a suffisamment de maîtrise pour la ressusciter.

Kierkegaard évoque déjà cela dans son *Post-scriptum aux miettes philosophiques* lorsqu'il dit : « L'existence n'est pas sans pensée, mais dans l'existence la pensée se trouve dans un milieu étranger. » Ce **milieu étranger** est celui de la parole, du *logos,* de la logique. C'est l'Éternité. Tandis que l'être-existant est **ailleurs** ; il est dans l'existence. Bien qu'il soit maître de sa pensée, l'existence de l'Être est en substance illogique. Là-bas seule Sa volonté règne. Le système logique qui régit la réalité au sein du *milieu étranger* dans lequel nous sommes n'a donc de trône que dans l'Éternité ; soit en souffrant *ici-bas* à cause de la mobilité de la vie, soit en repos *au-delà* dans l'immobilité de la mort. Son trône est en définitive l'Éternité elle-même. Car dès l'instant où l'Existence lui échappe, elle détruit le trône de l'Éternité. Non qu'elle anéantisse l'éternité et sa pensée logique, mais seulement son règne. Les vérités éternelles deviennent alors pour l'*Être-existant* un *milieu étranger* qui est là pour Le servir. Chaque-Un est souverain dans son propre Royaume tandis que la volonté existentielle est le « père » de tout. Cette volonté existentielle est le commencement AVANT le commencement. Avant ce *berechit* de Genèse 1 ; *berechit* qui n'est que le « commencement » du dieu-Torah, de la Raison et de son *logos* placés là pour assujettir les êtres raisonnables qui sont tombés ici-bas dans le Temps. C'est pourquoi le Christ osait affirmer : « Je suis l'alpha et l'oméga, le premier et le dernier, le commencement et la fin » (APO 22[13]).

En vérité, le *milieu étranger* sert de matrice à l'Être puisque c'est de là que sortiront un jour les Fils de l'homme pour le rejoindre — lors de la Résurrection. C'est pourquoi il est dit dans l'ANCIEN TESTAMENT : « Des séraphins se tenaient debout près de Dieu ; ils avaient chacun six ailes ; deux dont ils se couvraient la face... » (cf. ÉSA 6[2]). Si les anges « se couvrent le visage », c'est précisément pour nous signifier qu'ils sont incapables d'entrer dans l'existence où vit l'Être. Ils sont dans ce *milieu étranger* dont parle KIERKEGAARD. Ils sont dans l'Éternité, avec nous, mais de manière plus intime que nous.

Les séraphins sont dans ce lieu que les philosophes grecs se plaisaient à appeler l'IMMOBILITÉ DU TEMPS. Or, la mobilité de leurs ailes provient de l'activité à laquelle ils sont encore soumis, à savoir l'administration du vivant. Mais dès l'instant où le parcours des hommes quitte la vie et entre pareillement dans l'immobilité, les ailes des dieux-loi que sont les anges de la Torah cessent de battre. Leur **JUGEMENT** à contrôler la vie est à cet instant achevé : c'est le Jugement Dernier. Seule demeure la réalité mortelle tandis que la Nécessité logique a définitivement fait claquer sa porte de fer. C'est-à-dire, plus exactement, que ces anges-là constituent en-soi l'espace d'où précisément l'Être s'est retiré. L'espace d'où le Temps s'est retiré. Or, nous sommes, nous, encore dans le Temps, encore dans une certaine proximité avec l'Être. Nous sommes plus près de lui que ne le sont les anges de la Torah, et notre drame est justement d'être soumis à leurs lois, à leurs rigidités légalistes, à leurs tribunaux : à leurs battements d'ailes. Nous sommes dans l'**ENTRE-DEUX**, dans la réalité concrète de la mobilité des vivants. D'un côté se trouve l'immobilité des dieux en repos avec leur jugement irrécusable ; et de l'autre se trouve une *utopie*, un lieu qui n'existe pas, là où vit le Père. Les réalistes suivent naturellement leur fond et vont vers les dieux, entraînés par leur logique raisonnable et morale ; tandis que **LES RÊVEURS** et autres « clowns » suivent le leur : ils vont au-delà de l'Éternité, vers l'Être de l'impossible, entraînés par l'Esprit. Ainsi est-il écrit : « Le vase que le potier façonna fut raté ; [...] il en refit alors un autre tel qu'il trouva bon de le faire. » (JÉR 18[4]).

7

Dans le sommeil, l'espace et le temps du rêve sont une allégorie très fidèle de cette *utopie* de l'Être. Car la porte de nos rêves est étrange. Dès l'instant où je frappe à la porte du dormeur pour y pénétrer, même à pas de velours — je le réveille, et le rêve se referme aussitôt. Non seulement la porte se verrouille lorsqu'on la touche, mais elle disparaît définitivement et nous laisse pantois dans la pièce de la réalité éveillée. Je peux toquer à la porte du bureau d'un homme et partager sa *profession*; ou encore à celle de sa chambre et partager sa *vie amoureuse*; et bien sûr entrer dans son parti politique, son église ou son école philosophique et partager sa *vie intellectuelle*... Mais pénétrer dans la réalité du dormeur est impossible. Cette réalité est pour la vie concrète une *utopie*. C'est UN LIEU QUI N'EXISTE PAS et une pièce absolument interdite à quiconque. C'est un lieu libéré des lois; un lieu où règne la volonté mystérieuse de l'individu sans ses carcans. Un lieu où nos impossibles sont possibles. Néanmoins, L'ÊTRE y a libre accès car il vit précisément dans une réalité de même type; et c'est à partir de là qu'il nous engendre. Notre réalité concrète est pour lui une matrice tandis que lui est Père. Il nous extirpe du monde présent par la Résurrection. Lui seul est donc capable de pénétrer nos songes SANS ENDOMMAGER notre personnalité. Mais la logique n'y a aucun accès, et le dieu-Thora y est lui aussi rejeté avec sévérité.

Si toutefois les dieux parvenaient à entrer dans une telle connaissance d'un être humain en pénétrant ses nuits, son imagination, et la volonté de sa plus profonde intériorité, la situation de ce dernier deviendrait alors grandement malsaine. Car les dieux sont des vérités éternelles, des lois immuables, des abstractions. Une vérité éternelle ne peut s'incarner mais seulement ÊTRE ÉVOQUÉE ET PROUVÉE par une expérience matérielle. Essayez de la matérialiser sans matière ni parole ni équation, mais directement dans une corporisation d'elle-même, et vous obtiendrez une sorte de

VISION FANTOMATIQUE. Impossible d'appeler la loi de la gravitation comme si elle était un être afin d'avoir avec elle une conversation. Vous ne pouvez pas voir la face des dieux ; c'est pourquoi il est dit : « Tu ne pourras pas voir ma face, car l'homme ne peut me voir et vivre. » (Ex 33[20]). Le visage des dieux n'existe pas en vérité. Le visage de l'abstraction qu'est une vérité éternelle n'a pas de réalité sinon celle, précisément, de **NE PAS ÊTRE** : d'être morte. Or, voir la mort clairement, voir sa face, c'est déjà être mort : « l'homme ne peut me voir et vivre. »

L'individu qui vit ce type de rencontre fantomatique avec un dieu risque d'y perdre son intégrité. C'est-à-dire qu'il impose à son être un écartèlement jusqu'à la **DIVISION**. Il est en effet obligé de faire le grand écart entre les deux parties de l'Éternité : celle du temps et de la vie dans laquelle il est en mouvement ; et celle, immobile, de la mort d'où viennent ces administrateurs du Monde que sont les Lois. Le visiteur surréaliste, « paranormal », qui vient le rencontrer lors d'une expérience mystique lui propose en vérité de coudre ensemble deux mondes inconciliables : celui de la vie avec sa variabilité, et celui de la mort avec son immuabilité. Essayez de coudre une étoffe neuve sur un vieux vêtement et c'est la déchirure assurée, la division de tout le vêtement ; l'immuabilité des dieux aura toujours le dessus sur la variabilité des hommes.

Il s'ensuit que l'individu subit une fissure extrêmement nuisible pour sa personnalité. Il est sujet à une sorte d'emprise, de **POSSESSION** de la part des immobiles venus de l'extérieur. Sa réalité en sera inévitablement troublée même lorsqu'il sera éveillé. Des scories et autres **DÉSÉQUILIBRES** risquent d'apparaître, et quoi qu'il en soit du bienfait ressenti de par cette expérience — la déchirure a commencé ! On ne peut pas croire aux vérités éternelles, suivre leurs directives et obéir au destin pré-écrit qu'elles nous imposent, et en même temps revendiquer sa liberté, être proprement un *être-existant* et vouloir recevoir de l'Être cette autonomie. On ne peut croire à la Torah et à la Raison, puis en même temps se confier à l'Esprit du Christ et à l'arbitraire de sa volonté : « Personne ne coud une pièce de drap neuf à un vieil habit ; autrement, la pièce de drap neuf emporterait une partie du vieux, et la déchirure serait pire. » (Mc 2^{21}).

Ces deux réalités sont inconciliables de même que la vie concrète est séparée de l'*utopie* du dormeur. Leur guerre est inévitable et toute tentative de conciliation entraîne un état qui est pire que les souffrances du combat. L'un doit CÉDER. C'est pourquoi le Christ ne parle que du Père. IL PARLE DE CET ENGENDREMENT HORS DE LA RÉALITÉ DES DIEUX, de cet engendrement vers la réalité du rêve et de l'*utopie* où demeure le Père. Le concept « dieu » n'est pour le Christ que cette *utopie* du Père ; mais non pas ce « dieu » tel que le religieux l'entend avec ses commandements, ses lois, ses morales et son organisation politique du Monde à l'aide des logiques de rétribution. En vérité, LE CHRIST EST VENU TUER DIEU.

Il existe néanmoins deux formes de possession par les dieux, deux façons d'entraîner l'être dans la division de son intériorité. La manière plutôt extatique et brute du DÉSÉQUILIBRE dont je viens de parler ; et la manière plus subtile et réservée du PARFAIT ÉQUILIBRE. Cette dernière est le fruit d'une conciliation réussie entre les dieux et les hommes ; lorsque les dieux investissent l'homme sans que la déchirure ne soit en rien visible, mais tout au contraire quand elle apparaît extrêmement bénéfique.

Le **PARFAIT ÉQUILIBRE** d'un homme est une « démonisation » qui résulte du rejet de l'archaïsme des mythes anciens. La conscience intellectuelle est ici très éveillée et le rapport à la réalité profondément ancré dans la pure Raison. Toutes les choses sont proportionnellement **INVERSÉES** à la première « démonisation », cette première « démonisation » étant celle qui nécessite justement d'avoir une conscience plus endormie et moins affûtée à la pure intelligibilité des choses. L'une est obscure et plaît davantage aux idées révolutionnaires et aux cultes d'exaltation ; l'autre est lumineuse et convient aux Sciences et aux religions bourgeoises politiquement correctes. L'une, sibylline, aime fomenter dans l'ombre, et l'autre ne craint pas le jour. Bien sûr, ce sont les possédés-équilibrés qui dominent le Monde puisqu'ils ont avec les dieux une plus grande intimité.

Le parfait équilibre nécessite une plus grande subtilité et une meilleure connaissance des vérités éternelles. La soumission au dieu-Torah est ici purement logique et suit un système moral très procédurier. Le spirite qui enlace quelques clients par ses talents mystiques n'est qu'un écolier de maternelle face au scientifique capable de fissurer l'atome et de plonger l'Humanité dans une gigantesque fournaise. Toute compréhension mathématique et éthique du monde est en somme une **POSSESSION RÉUSSIE** en regard de celle, plus archaïque, d'un mage que des visions ont rendu totalement déséquilibré. Le langage mathématique et juridique est celui des dieux, et lorsqu'il s'incarne à l'excès il produit dans la vie de l'individu un remarquable équilibre. La **PROXIMITÉ** entre les deux mondes a été resserrée ; la vie mobile où coule encore le Temps s'est au maximum mêlée avec l'immobilité des dieux d'où le Temps s'est retiré. La société parle alors de PAIX et d'équilibre, parce que son état est plus proche de l'INERTIE que jamais, plus proche de la nature des dieux : plus empreint de mort.

La barbarie appartient aux intellectuels et aux politiciens plus qu'aux truands et aux zélateurs mystiques, c'est pourquoi les pires atrocités perpétrées au nom d'idéaux sont souvent sanctifiées par les premiers et finissent par rencontrer le consensus de la société. Il en va ainsi des massacres de Vendée, et de celui de Lyon, par exemple, où la barbarie d'un FOUCHÉ est justifiée par la geste d'une lutte *pour la Liberté*. Au cœur des Lumières européennes et dans le prétendu but de les mieux appliquer, la très sanglante Terreur fut le *modus operandi* de l'introduction d'un nouveau contrat social. Il y a plus à craindre d'un contrat social que d'un pacte avec le diable. Les productions les plus éminentes des dieux sont d'ordre politico-technique et puritain, lorsque les hommes organisent notre réalité en un système hyper logique. Il s'ensuit que le monde des magiciens était moins dangereux que celui des EINSTEIN, HEGEL et autres prix Nobel, parce que le scientifique est largement PLUS DÉMONISÉ que ce démoniaque qui dans l'Évangile vivait dans les sépulcres et prétendait être possédé de 7000 démons ! Le Christ a fort bien exprimé cela lorsqu'il lança aux puritains et aux légalistes de l'époque : « Les prostituées vous devanceront dans le royaume de Dieu. » (MT 21^{31}). Plus proche de nous, cette même réflexion a été formulée de façon laconique mais fulgurante par le philosophe français JEAN BRUN[3] : « Rien de plus intellectuel qu'un monstre, et rien de plus monstrueux qu'un concept... »

Que les dieux s'occupent des choses ingrates et non des choses essentielles ! Et que notre intériorité, notre spiritualité, nos rêves et nos volontés ne leur soient accessibles que **SOUS LE CONTRÔLE** d'une main plus puissante ; c'est-à-dire d'une main qui **COMME NOUS** aime l'incarnation et ne supporte pas que sa liberté doive se justifier devant les lois. Une main qui nous comprend, qui nous connaît, qui nous aime. Mais une main qui, contrairement à la nôtre, aurait le pouvoir de son vouloir ! D'où proviendra cette main si ce n'est du Christ ? Nos rêves et notre intériorité sont une allégorie de l'*utopie* de l'Être, de ce lieu d'où le *Jésus de l'histoire* venait et où le Christ s'en est allé — ce qu'il nommait le Royaume des cieux. Il est donc le seul digne de pouvoir se mêler à notre intimité parce qu'il l'épanouira au lieu de la déchirer ; il nous rendra tels que lui ; il nous donnera un royaume où nous serons roi et où les dieux seront nos domestiques. Or, sa liberté est telle qu'il utilise précisément déjà les dieux dans le cadre de cet engendrement de notre être par son Esprit. C'est à ce propos que l'auteur de l'APOCALYPSE les appelait des « compagnons de service » (22[9]), et que celui de l'ÉPÎTRE AUX HÉBREUX les décrivait comme des « envoyés pour servir en notre faveur » (1[14]). De démons qu'ils peuvent être lorsqu'ils sont sans contrôle, le Christ en fait des anges à notre service, ses messagers. C'est ce que nous verrons dans la partie suivante.

---

[3] JEAN BRUN : *Le retour de Dionysos*, Les Bergers et les Mages, Paris, 1976, p.143.

8

Nous lisons dans l'Apocalypse que le Christ « A ENVOYÉ un ange à Jean pour lui faire connaître les choses qui doivent arriver bientôt... » (1¹). Ce type d'événement où les immobiles sont *messagers* est fréquent dans la Bible. L'homme ne fait-il pas d'ailleurs la même chose ? Nous parlons souvent INDIRECTEMENT et sans être présent par des messages portés technologiquement. Le message n'a en lui-même ni autonomie ni vie propre qui le rendrait mobile ; c'est l'application d'un procédé technologique qui lui donne l'illusion de mobilité. Pareillement en est-il du concept d'« ange » en hébreu, qui signifie littéralement *messager*. L'ange est porteur d'une parole comme un portable est porteur d'un « mini message » (SMS) ; l'ange est une sorte de téléphone portable du Christ où le téléphone importe peu : seule compte la Parole.

C'est ainsi que le rêve de Pharaon s'est déroulé. Le dieu-Torah a investi sa personnalité et parallèlement celle de Joseph qui en donna l'interprétation. Là est toute la difficulté de l'activité des oracles et du fait prophétique : a-t-on affaire à une initiative conduite au-delà de l'Éternité par le Christ ou s'agit-il d'une activité humaine mêlant plus ou moins intellect et théurgie ? En somme, s'agit-il d'un événement sous protection ou non ? Mais une deuxième difficulté, beaucoup PLUS AIGUË, émerge. Comment comprendre ce message ? Par ma logique raisonnable issue des dieux et dont je suis tout imprégné, ou par l'Esprit du Christ, l'auteur même du message ?

Dans cet exemple du rêve de Pharaon que nous utilisons, le Christ a manipulé les dieux et il a mis en mouvement la prophétie annonçant la domination du dieu-Torah. Ainsi donc — **TOUT SE BROUILLE**! Le Christ a-t-il abandonné définitivement les hommes aux dieux? Nous a-t-il tant en aversion pour nous refuser la délivrance? Nous a-t-il livrés à la désincarnation dans ce lieu d'immobilité éternelle où les dieux se reposent dans la béatitude des morts? Assurément, au regard de l'Histoire, et comme je le dis plus haut, la domination du dieu-Lois est concrètement réelle et va crescendo. La prophétie est de plus en plus **PROUVÉE**. Nous la reconnaissons en d'innombrables moments, dans toutes les cultures et les religions, dans le fait intellectuel, scientifique et politique... Entre les mains d'hommes les plus éminents et les plus respectables qui soient.

Pourquoi donc le Christ impose-t-il le dieu-Torah au Monde tandis qu'il le domine de façon si déconcertante? Faut-il dire que le Christ, en vérité — **EST** le dieu-Torah? Le Messie chrétien est-il en définitive le judaïsme parvenu à son paroxysme, ainsi que les pharisiens entendent le Messie? Le christianisme se serait-il fourvoyé en faisant du Christ un chrétien tandis qu'il serait en vérité un fidèle de la Torah? En ce cas, le christianisme doit se lancer dans une véritable révolution théologique et cultuelle. Il doit s'accrocher au judaïsme par le pan de son vêtement et lui confesser la chose suivante: «Nous voulons aller avec vous, car nous l'avons appris: Dieu est avec vous.» (cf. ZACH 8[23]).

C'est précisément ainsi qu'on **RATE LA LECTURE** du message. On lit une parole avec l'esprit du messager, l'ange, et non avec l'Esprit de l'Auteur, le Christ. On la lit avec les codes de la Torah, de la Raison et dans le cadre d'un *royaume des cieux sur terre*. C'est-à-dire de façon politique comme le dieu-Lois la lit dans son aveuglement et son obsession de l'organisation. C'est en vérité exactement ainsi que le christianisme scrute le texte ! Il n'a pas à retourner au judaïsme car il n'en est jamais réellement sorti. Ce qu'il a fait, c'est ADAPTER le judaïsme aux diverses cultures mondiales. Dans un mouvement dialectique, il l'a adapté aux progrès de la Raison et de l'Histoire et l'a rendu plus souple et perméable afin qu'il imprègne tous les peuples. Dans ce souci d'adaptation, il devait donc nécessairement lui donner un nouveau nom : le christianisme. Un nombre considérable de théologiens s'associent à cette lecture de la Bible — quasiment tous, avec plus ou moins de divergences, mais au fond avec le même esprit. Des théologiens de pacotille en réalité.

L'un d'eux, pour n'en prendre qu'un, estime que, dans les ACTES DES APÔTRES, Luc prêche que : « La vocation de l'Église est d'être ce lieu où se réconcilient le particularisme juif et l'universalisme des nations[4] ». C'est vrai, Luc parle ainsi. Or, ce théologien, ainsi que toute la théologie chrétienne, encense Luc comme un *inspiré*. C'est faux, Luc n'est pas inspiré ici. Si l'Église est envoyée parmi les Nations pour être un pont entre elles et le judaïsme, elle est bel et bien au service du judaïsme. Avec une telle lecture on met en application le texte de ZACHARIE cité plus haut : « En ces jours-là, toutes les nations s'accrocheront à un Juif par le pan de son vêtement en déclarant : "Nous voulons aller avec vous, car nous l'avons appris : Dieu est avec vous." » Luc est serviteur de Zacharie et ce dernier n'a qu'à attendre tranquillement que son valet fasse prospérer le dieu-Torah parmi les Nations.

Il ne reste qu'une chose à faire au christianisme pour parachever son mouvement et clore son ministère thoraïque : retourner OUVERTEMENT au judaïsme en reconstruisant le Temple et en livrant définitivement Jésus aux disciples de Moïse. Ces derniers le revêtiront enfin de la tunique lévitique, puis ils le dépoussiéreront de toutes les erreurs doctrinales que les pauvres chrétiens – ils ne pouvaient être au four et au moulin à la fois – lui ont laissées dans leur fidèle service à la cause du dieu-Torah. Le rêve de Pharaon et l'interprétation de Joseph seront alors arrivés à terme. Joseph, heureux, pourra lui aussi dire : « J'ai été un bon serviteur puisque j'ai moi aussi réconcilié le particularisme juif et l'universalisme de mon époque : l'Égypte. J'ai ainsi préparé le chemin de Moïse. Lui-même a ensuite continué ce travail en fondant le judaïsme pour le répandre parmi les Nations ; puis enfin, les chrétiens et les Grecs ont achevé cette œuvre de propagande des lois. Le dieu-Torah a vaincu le Monde. »

9

Nous lisons ailleurs dans la Bible : « Dans le désert, dégagez un chemin pour le Seigneur » (ÉSA 40^3). Cette préparation d'un chemin « dans le désert » est LA SEULE ET L'UNIQUE mission du dieu-Torah, le seul espace où un droit d'action lui est accordé. Le dieu n'a absolument rien d'autre à faire que de « préparer un chemin dans le désert » au Christ. Tout ce qu'il se permettrait de faire en plus serait dès lors catégoriquement rejeté parce que HORS DE SA MISSION, quand bien même le fruit en paraîtrait extrêmement bénéfique. Un prophète de la Thora n'a pas d'autres droits sinon de s'occuper de ses engins de chantier pour déblayer, creuser et aplanir au désert un chemin. Voilà précisément ce que le Christ affirma lorsqu'il parla ainsi de Jean-Baptiste : « Il est le messager envoyé devant ma face pour me préparer un chemin. » (cf. MT 11^{10}).

Jean le Baptiste a donc été *le dernier* prophète du dieu-Torah puisqu'il fut justement contemporain du Christ. Et en tant que *dernier*, il fut le plus grand, car parmi les disciples de la Torah il fut celui dont la proximité avec le Messie a été la plus grande. En réalité, jamais la Torah ne fut AUSSI PRÈS de l'Être qu'à ce moment de l'Histoire. En ayant devant eux le visage du *Jésus de l'histoire*, les anges étaient au bout de la compréhension qu'ils pouvaient avoir du Christ, mais une compréhension toutefois absolument réaliste, pleinement logique, et dans la droite ligne de leur nature. Cette situation a été clairement explicitée par le Christ lorsqu'il déclara : « Il n'en a point paru de plus grand que Jean-Baptiste. Cependant, le plus petit dans le royaume des cieux est plus grand que lui. » (MT 11^{11}). En effet, le plus petit dans le royaume des cieux voit CLAIREMENT la face du Christ tant il est empreint de la même nature que lui. Il voit enfin l'Être hors de la logique réaliste d'ici-bas. Quant aux anges, ils continuent là-bas, toujours et inexorablement de se voiler en présence de l'Être parce que leur nature reste éternellement logique et légaliste. L'obéissance est leur substance et leur joie, comme un domestique qui se plaît uniquement à réaliser la volonté de son maître dont il ne connaît pas la profondeur : la perspective future.

C'est sur cette *perspective future* qu'achoppent les dieux et leurs prophètes en définitive. Sur le Christ. Aussi n'est-il pas étonnant de voir Jean-Baptiste lui-même achopper. « Es-tu celui qui doit venir ou devons-nous en attendre un autre ? », demanda-t-il au Christ. (Luc 7[20]). L'aveuglement des disciples de Moïse est de ne pas voir que le chemin qu'il prépare est en vérité la préparation à **un autre chemin**. « Je suis le chemin », dit le Christ. Nous voici désormais avec deux chemins !

Pour le dieu-Torah, le « chemin dernier » est en effet la venue du Messie, non parce qu'il aboutit au Messie — mais parce qu'il aboutit au but thoraïque. Le bout du chemin pour ce dieu, c'est la Thora. Soit donc une révélation de la Torah telle que sa mise en pratique dans le monde sera enfin totalement **accomplie**. La Loi, croient les disciples du dieu, sera concrètement réalisée parmi les Nations qui se plieront joyeusement à elle. La Loi se verra alors obtenir une pleine incarnation de la part des hommes par l'effectuation d'un système politique, moral et scientifique **extraordinaire** et hautement évolué. Une sorte de Disney World où tout est parfait, sécurisé et où nulle liberté ne vient troubler une mécanique absolument huilée : une mécanique ointe de la Torah.

Telle est la conception du *messiah*, de l'oint dans le judaïsme. Une formule générique en réalité, une abstraction, un processus de Progrès allant vers la réalisation d'un système parfait dans lequel l'Humanité sera parquée... prétendument pour son plus grand bonheur. Le « messie », c'est l'onction de la Torah et non un personnage ! C'est-à-dire qu'au niveau de la personne il y a non pas « un », mais « des » messies : des personnages clefs qui dans l'Histoire ont un rôle essentiel dans l'avènement du système huilé des lois, dans sa réalisation.

Alors bien sûr, lorsque les chrétiens entendent le Christ dire : « Je ne suis pas venu pour abolir la loi ou les prophètes ; je suis venu non pour abolir, mais pour accomplir. » (Mt 5¹⁷) — ils jubilent. Ils font du Christ un de ces personnages oints de la Loi, le plus excellent selon eux, une sorte de *super Jean-Baptiste*, puis ils se vouent aux lois, au dieu-Torah.

Le Christ n'est pas venu accomplir la Loi. Mais il n'est pas non plus venu pour l'abolir. Il est venu accomplir **la promesse** de la Loi ; c'est-à-dire cette perspective qui est hors de vue du dieu-Torah, hors de sa logique, hors de sa vision — hors Raison. Cette perspective que les prophètes de la Loi ont à peine entraperçue et parfois même extrêmement mal comprise. Cette perspective qui se cache dans la volonté de l'Être et que la Torah ne peut pas voir parce qu'elle lui est aussi fermée que l'est pour nous la réalité utopique du dormeur. Cette perspective, c'est l'**Autre chemin** ; c'est pourquoi il est dit : « **dans le désert** ». L'*Autre chemin* vient après le *chemin de la condamnation* que les consciences éternelles du bien et du mal impriment dans notre intériorité. Après que ces consciences angéliques aient brisé notre cœur et quand nous nous décidons enfin à quitter leurs routes désertiques. La Loi brise, condamne et maudit ; sa substance étant d'être un « ministère de la condamnation », disait Paul (2 Cor 3⁹) ; elle a pour seule tâche de « faire connaître le péché », dit-il ailleurs (Rm 3²⁰). Elle tend sa logique jusqu'à l'irréversible le plus aride, jusqu'à ses possibilités rationnelles les plus lumineuses, jusqu'aux possibles techniques et moraux les plus inhumains ! La Loi hurle, prouve, démontre et frappe de son marteau de procureur ; puis arrivée au bout d'elle-même, elle dit à l'homme : « Tu as raté la vertu, le

bonheur, et l'amour ; et tu les rateras toujours. Tu es un raté. Tu es condamnable. Ton pouvoir ne sera jamais à la hauteur de ton vouloir. Et moi non plus je ne peux faire de toi un être vertueux et aimant. Je ne peux **TRANSFORMER TA NATURE.** »
— Chose « impossible à la loi, car la chair la vouait à l'impuissance », expliqua Paul (RM 8³).

Lorsque cet **ÉVEIL DE LA CONSCIENCE** devient donc insupportable à l'homme et lorsque, comme Job, il ne peut qu'en appeler à l'*utopie*, c'est le signe que la Loi a fini son œuvre de dévastation, d'arrachement et d'assèchement : le chemin au désert est aplani dans l'intériorité de l'homme. C'est alors que vient le Christ : « Je suis le chemin. Je vais transformer ta nature de sorte que tu n'auras plus aucun compte à rendre aux lois et aux dieux. Dans ma passion pour toi, tu boiras mon sang, tu mangeras ma chair puis je te ferai asseoir sur mon trône (cf. APO 3²¹). Tu commanderas au dieu-Torah comme le Roi donne des ordres à ses domestiques. Tu seras comme moi. » Lorsque le Christ annonce qu'il est venu **ACCOMPLIR**, il parle d'une improbable sortie hors des carcans de la Loi : l'Exode. C'est quand on est étouffé de désert que l'on désire l'impossible – l'impossible de voir la mer s'ouvrir – ce n'est pas lorsque l'on vit confortablement dans cette ouate humide que les lois savent offrir aux obéissants. Le chemin n'est donc pas un autre mode de vie ou une autre méthode plus fructueuse vers où entraîner mon ego ; c'est la mort de tous ces chemins. Le chemin, c'est l'Être et chaque-Un ; et à chaque pas de sa volonté, la réalité se dispose à ce que veut l'individu. Chaque pas posé au sol dessine le chemin : « je suis » le chemin, affirma le Christ. Telle est son utopie, tel est le Royaume des cieux.

Alors que le dieu-Torah et ses disciples ne parviennent pas à lire le texte de cette manière et à connaître le Messie de la même façon, pour eux s'accomplit la parole d'Ésaïe : « Rends insensible leur cœur, endurcis leurs oreilles, et bouche-leur les yeux ; pour qu'ils ne voient point de leurs yeux, n'entendent point de leurs oreilles, ne comprennent point de leur cœur, ne se convertissent point et ne soient point guéris. » (ÉSA 6[10]). Le Christ a manipulé les dieux, la Torah, la raison, la morale et les sciences afin que tous servent à son *utopie* de la Résurrection. Il a manipulé Pharaon et son administrateur Joseph. Puis, lorsque, parvenus au bout de leur tâche, les dieux et leurs serviteurs achèvent le chemin au désert, le Christ prend le relais et les congédie en disant à la Torah : « Arrière de moi ; passe à l'arrière désormais, tu n'as plus d'autorité sur les êtres qui me suivent. » Le leurre est terminé. La Torah pensait conduire à la venue d'un messie qui serait l'outil pour affirmer définitivement son autorité et sceller son trône, voici que c'est **TOUT LE CONTRAIRE**. Le Christ l'a induite en erreur et a conduit le dieu-Lois au suicide même de ses propres pouvoir et autorité. Les dieux se sont fait hara-kiri — le Christ n'a pas même eu besoin de monter sur le ring.

10

Le dieu-Torah n'affirme donc qu'une **SEMI-VÉRITÉ** ; et c'est tant mieux. C'est le désir du Christ à la fin de procéder à une séparation parmi les hommes en attrapant les raisonnables par leurs propres paroles. C'est ainsi que le dieu-Torah parle du Monde des dieux et des hommes qu'il sait très bien évoquer par le terme d'*Éternité*. Un tel vocable lui donne aussitôt une éminente crédibilité, de même que l'astrophysicien sait écraser son public en le plongeant dans l'ivresse et le vertige d'un univers incalculable et mystérieux. En termes d'Éternité, le dieu donne aux hommes ce qu'ils veulent entendre : un au-delà calculé au cordeau sur le principe des rétributions de la logique. L'Éternité est un monde de béatitude, nous dit le dieu-Lois ; un monde de repos puisque là-bas les lois cessent leur difficile travail de juger et d'organiser nos particularismes. Si donc l'être, l'homme, consent à perdre son incarnation autonome pour entrer dans le général, dans le grand-Un, les dieux lui promettent le même repos. C'est en toute sincérité qu'ils nous font accroire qu'un nirvana nous attend dans l'au-delà ; il nous suffit, disent-ils, de quitter notre corps par lequel nous avons l'odieuse audace d'être **PARTICULIER**, d'être une personne. Que le divin parle pour lui et pour sa nature mathématique, mais non pour nous, car nous ne sommes pas faits de sa pâte ! Nous sommes incarnés et la désincarnation consciente est pour nous un enfer.

Le dieu-Torah ne connaît pas le Monde du Père. Il ne sait pas que la Vie y est là-bas éternelle d'une tout autre manière. La Vie des *êtres-existants* est **SANS CRAINTE DE MOURIR** ; et elle est même une Vie qui **PEUT MOURIR**, qui peut choisir de se plonger dans la mort. N'a-t-elle pas le pouvoir de ressusciter : de briser l'Éternité. Elle est la passion d'un Père qui est capable de transpercer l'Éternité pour venir s'incarner ici-bas. C'est ce qu'il fit. Il a arraché les siens de l'universalité des dieux, et il les conduit désormais à devenir la Vérité que chaque-un veut être en propre, dans sa propre réalité devenue son Royaume. Le dieu-Torah ne connaît quant à lui qu'un seul royaume : le sien. De même ne connaît-il **QUE**

L'HUMANITÉ. Et il veut l'intégrer dans cette vérité-Une qu'il est ici-bas pour tous, partout et éternellement. Ainsi ne connaît-il pas les *êtres-existants* que nous sommes *chaque-Un* en particulier. À ses yeux, lui seul est « Un » et les êtres particuliers n'existent pas. Il ne me connaît pas, et il ne connaît pas le Père. Il ne sait même pas que j'existe, pas plus qu'il ne sait que le Père existe. Il ne m'aime pas, et il n'aime pas le Père. De là est-il vrai que *connaître* et *aimer* sont des verbes synonymes.

Il y a pareillement un christianisme officiel qui est gavé jusqu'à la boulimie de cette semi-vérité. On y annonce un Christ venu réaliser le règne du dieu-Torah. Une Torah qu'on a bien évidemment assouplie pour les Nations. On y a mêlé l'hellénisme et toute une ribambelle de mythes antiques animés du même esprit des rétributions mathématiques. Un christianisme majoritaire QUI A VENDU LE CHRIST À LA LOI, ainsi que le fit l'Iscariote. Un christianisme ecclésiastique qui est tombé dans le même leurre que celui dans lequel est tombée la Torah. Un christianisme d'*Église* où celle-ci joue le rôle du grand-Un qui doit tout universaliser en elle. Une fraternité chrétienne qui ne peut être qu'ecclésiastique ; des frères qui ne peuvent l'être qu'au sein d'une ÉGLISE-DIEU. Un christianisme pour qui être « akklésiastique » et devenir un *être-existant* est un satanisme.

Soit donc, chacun choisira de connaître Dieu et les hommes avec l'onction qui lui siéra : avec l'onction thoraïque ou avec l'onction du Christ. L'onction de la Thora peut être donnée à tous ; elle est même accessible aux pierres qui pourraient alors crier la formule mathématique de la loi de la pesanteur. Mais l'onction du Christ est inaccessible parce qu'elle n'est pas une onction; elle est une **Nature**. Elle est la Nature du Christ, de l'Être-existant, du Père qui engendre en se donnant **à qui il veut**.

La première onction est une connaissance logique de Dieu et de l'homme pour dire le « Non » du Christ. Mais lorsqu'elle se fait « vérité » et veut affirmer le « Oui », elle devient une semi-vérité qui aboutit finalement à une méconnaissance, puis enfin à un mensonge... diabolique. C'est-à-dire à un *vrai mensonge* puisque la mission du « Non » émane véritablement du Père. Quant à l'huile du Christ, elle est une connaissance de Dieu et de l'autre qui est utopique et **aussi inaccessible qu'un songe**. Une connaissance venue de trop loin, du Ressuscité, de sorte qu'elle n'est ici-bas que vécue dans l'aveuglement de **la Foi**. Heureux les êtres qui ne se connaissent ni comme homme ou femme, ni comme Français ou Italien, ni comme ouvrier ou ministre... Mais comme Fils de l'Homme et dans l'*utopie-à-venir* de cette autre-nature. Ceux-là ont commencé à s'aimer. Ils ont commencé **à se connaître**. Ils ont commencé à réaliser ce fameux commandement concernant l'amour. Un « commandement » qui dès lors, nous l'entrapercevons, est une Utopie.

L'énigme du bonheur
À l'attention des gens prospères

Le bonheur, c'est comme la beauté : le malheur veille sur l'un et l'autre. Il est embusqué sur leur chemin, attendant le moment favorable pour accomplir son étrange labeur. C'est une règle. C'est même une loi ici-bas qui établit que **la malédiction est attachée aux pouvoirs**. Or, le bonheur est un pouvoir, tout comme la beauté. Il y a fort longtemps d'ailleurs, Job avait déjà évoqué cette puissance de jugement dont est revêtu le bonheur : « Qu'on méprise le malheureux ! telle est la devise des heureux » disait-il (12[5]). Du haut de sa montagne de souffrance Job voyait enfin l'homme heureux qu'il fut auparavant, celui qui craignait alors le malheur avec effroi, de même qu'une belle femme méprise poliment la laideur tant sa perspective l'épouvante. Il était en ce temps pareil à ses amis religieux, à ces consolateurs de pacotille que leurs propres réussites avaient dégradés. L'assurance de leur bonheur leur permettait de juger et même de maudire Job, le malheureux, le malchanceux, le fautif ! Non pas qu'ils le trouvaient coupable en vérité, mais parce qu'au fond ils avaient peur du malheur dont ils savaient intimement que leur vie devait un jour mordre le pain noir.

J'ai moi-même longtemps cru les amis de Job. J'ai avalé leur mielleux poison. Comment faire autrement ? Nos pères nous l'enseignent dès notre plus jeune âge. On nous tue dans l'œuf en nous maudissant par le bonheur ! On nous persuade que sa perspective est certaine pour peu qu'on se plie à ses principes, à ses jugements. Le père athée et le religieux chantent en chœur : « Le bonheur, mon petit, c'est d'abord la propreté administrative en s'engageant dans un travail honorable et en obéissant à ses aînés ! » Au fil des ans l'un et l'autre m'ont brisé les oreilles de ce chant lancinant et subtil. Le diabolique aime l'ordre, il aime avoir les mains propres, et lorsqu'elles sont sales c'est qu'il a faibli. Tel fut par conséquent mon malheur, mais tel fut surtout mon bonheur, car nul ne peut entendre de ses premières oreilles. Il faut qu'on nous perce les tympans pour que nous puissions écouter ce qui vient d'Ailleurs. Il nous faut donc lutter contre cette Nature intelligente qui a primauté sur tout et tous, contre cette mère de la vie encensée par l'athée, mais qui n'est finalement qu'une folle psychopathe, une froide organisatrice, boulimique de paix, d'ordre... et de bonheur. De même, il faut aussi **s'attaquer à son premier créateur**, c'est-à-dire aux dieux des vérités, au christianisme des amis de Job. Leurs promesses de bonheur ne valent pas mieux que la belle fleur promise par mère Nature : « sa tige d'herbe séchera, puis sa fleur tombera » disait déjà Isaïe dans son livre.

De la sorte, j'ai réussi à garder l'essentiel : en persévérant dans ce combat contre les dieux et leurs vérités. Combat au cours duquel s'évanouissent petit à petit autour de soi tous les « consolateurs » ainsi que les nombreux « intéressés », les avides, ceux qui pensent retirer quelques pépites de bonheur d'une situation singulière dans laquelle ils vous encouragent tant qu'elle ne les implique pas eux. Dès lors qu'elle les implique à lutter eux-mêmes, ils vous mordent, parfois jusqu'au sang, selon qu'ils soient proches ou lointains. Aussi ai-je été vaincu pour vaincre. C'est-à-dire que j'ai préservé **ce qui compte le plus** au prix de tout le reste, au prix de ce qui passe, de ce qui sèche, de mon bonheur. Non par mes forces toutefois, non par moi-même ! Car je ne sais comment je persévère encore dans une telle lutte. Il se pourrait finalement que j'aime Celui que je cherche... et qu'il me le rende en me donnant encore la poigne de tenir la claymore quelque temps.

Qu'ai-je donc appris du Christ ? J'ai appris de lui que Dieu ne recherche pas le bonheur – qu'il s'en moque même éperdument. L'énigme du bonheur se résout dans le malheur. Et lorsque le bonheur montre ainsi son vrai visage, tu découvres qu'il n'était qu'un fantôme, qu'une illusion parce qu'il est maudit ici-bas, comme tous les pouvoirs, parce qu'il doit sécher et laisser place au malheur. Quiconque croit que le bonheur se tient **devant** Dieu admet tout simplement que Dieu n'est pas le bonheur, que le bonheur est une situation qu'une vérité toute-puissante manigance en triturant la réalité. C'est pourquoi il craindra cette toute-puissance et lui rendra un culte, espérant qu'en échange elle tripatouillera son réel pour lui bâtir sa petite bulle de bonheur. Il confesse donc que son dieu doit continuellement guerroyer contre une réalité obscure. Il est aveuglé. Il ne sait pas que Dieu le conduit précisément aux lieux de Job, là où il verra que cette réalité obscure, c'est lui ! Pour moi, j'ai regardé cette toute-puissance avec tremblement d'abord, puis avec une colère mêlée ensuite de déception, et enfin, je lui ai tourné le dos, tel l'esclave se libérant tourne le dos à un maître qu'il ne reconnaît plus. C'est d'ici que perça alors une voix au-delà de la toute-puissance, une voix ressuscitée, **inaudible** aux oreilles que nous donne le monde : « Mon fils, mon désir c'est que ce soit toi le bonheur, que tu entres dans ce royaume où l'homme ne cherchera plus alors ce qu'il sera en lui-même pour toujours. Le royaume des cieux, c'est ton frère, c'est toi, c'est chaque-Un pour sa part. »

Du fils prodigue
À l'attention des sages

La parabole évangélique la plus connue est probablement aussi la plus mal lue. Les titres, que les traducteurs et les éditeurs ajoutèrent au texte au fil du temps, le dénotent de manière flagrante. « L'enfant prodigue », ou « Le fils prodigue » devinrent « Le fils perdu et le fils fidèle » et plus simplement « Le fils perdu ». Rien n'est plus à côté du propos que le sentier sur lequel ces faux-titres égarent le lecteur. Seul le cadet, nous dit-on, est coupable d'avoir dissipé son héritage, il l'a gaspillé sans même la plus élémentaire prudence d'une comptabilité : il est prodigue. De là, avant même qu'on ne lise le texte, vient-on nous affirmer que l'aîné, *a contrario*, préserva son héritage par sa sagesse et son travail responsable. C'est-à-dire que ce dernier, en s'adressant au père pour lui dire : « **Je te sers, sans avoir jamais transgressé tes ordres** », nous montre en quoi consiste à être l'héritier divin : en l'obéissance à des commandements donnés par Dieu selon des règles terre-à-terre.

En un simple petit titre la parabole est dès lors commentée, déchiffrée, dévoilée. Elle n'a plus aucun mystère : « **Pliez et remballez** », nous dit-on, mais surtout : « **Obéissez !** » Il serait pourtant plus judicieux de prendre du correcteur blanc de bureau pour effacer ces titres de nos bibles. Sous leur apparence « théologique », ils destinent les lecteurs à devenir des autistes spirituels. Si toutefois vous ne pouvez vous passer de titre, et si le mot « prodigue » vous plaît de par son intonation émérite, optez alors pour l'intitulé suivant : « **Les deux fils prodigues** », car il n'est aucun des deux fils qui réussisse à préserver son héritage matériel. Si l'un brûla la chandelle par les deux bouts, l'autre le perdit par ses calculs moraux.

La chose est même pire que cela. En effet, des deux fils, **seul le cadet** eut dès le début l'intuition de la véritable nature de l'héritage — l'autre l'ignora en ne regardant qu'à l'apparence. Les biens et la fortune du père n'étaient pas l'héritage ! Ils n'étaient que de simples fruits, périssables d'ailleurs, puisque le cadet perdit tout son argent sur terre, c'est-à-dire toute sa vie biologique et tous ses avoirs matériels. Cette fortune terrestre renvoie, telle une métaphore, à ce qu'est le véritable patrimoine du père : Sa puissance infinie à posséder autant de biens qu'il le désire, et à les prodiguer autant qu'il le souhaite… quitte à ce qu'ils soient gaspillés dans la débauche ! **Le père aussi est prodigue !** Mais a-t-il été prodigue comme l'a été son cadet ? Niet. Il accepta que soient dissipés ses biens périssables parce qu'il avait en vue de révéler à ses fils la véritable nature de l'héritage, celui qu'il cache en Lui-même et dont il désire leur faire don *dès le commencement* (bereshit).

En affirmant sa liberté d'exister en lui-même, le fils cadet commença donc à se saisir de cet héritage. C'est pourquoi le père ne le quittera pas des yeux. Prenant finalement conscience de ne pouvoir être ce qu'il veut être, que sa volonté de Vivre n'est pas libre de tout, mais qu'elle s'est muée étrangement en un esclavage imposé par la nécessité naturelle — le jeune fils retournera auprès de son père. Bizarrement, c'est au moment où, se dit-il, **il revient au moins pour sauver sa peau**, acceptant même de **perdre son statut de fils pour celui d'ouvrier**; c'est à ce moment précis, disais-je, que l'héritage de sa filiation divine va lui être remis. Il reçoit la liberté d'Être, de la main même de celui qu'il avait jugé comme son ennemi! Car lors de son départ, il avait du père une connaissance erronée, celle inculquée par le religieux, c'est-à-dire par son frère. Ce dernier est l'homme pour qui seule la conscience morale plaît à l'intimité divine.

Ainsi donc, dès son retour, le père pardonne **aussitôt** à son plus jeune fils! Il le lave même dans les larmes de sa souffrance, celle qu'il porta telle une croix durant tout l'exil de son fils. Enfin, le faisant entrer dans la maison, c'est-à-dire dans le lieu de la résurrection, il le revêt de la robe, de l'anneau et des souliers. Le cadet, devenu enfin un fils de l'Homme, pourra dès lors être ce qu'il veut être. Justifié gratuitement, il vivra de nouveau, mais dans une nature incorruptible (la robe); il recevra, tel un sceau, la divinité de fils (l'anneau); et de là, il acquerra l'infini des possibles afin d'exprimer toute sa liberté (les souliers). En lui s'incarnera en quelque sorte l'infini de son père, et lui-même deviendra un reflet de sa gloire, **une expression parfaite de l'Être-des-êtres**.

C'est aux sons de la fête, là où l'amour n'a plus d'obstacles, que **l'aîné est révélé** dans son propre fond. Alors que les fils de l'homme et le père mangent et chantent, usant des biens de leur vitalité spirituelle sans aucune avarice (le veau gras), l'aîné se refuse l'accès aux festivités. Aussi le verrou n'est-il pas au père mais à ce fils de la terre qu'est le plus sage des hommes. Et en quoi consiste ce verrou ? En une idolâtrie s'incarnant dans son temps, tout simplement. Le premier-né chérit sa raison morale plus que le père, il est incapable de sacrifier les commandements. Il adore et idolâtre l'obéissance morale masquée sous sa théologie. Il rend sa science de la vérité supérieure au père lui-même. En effet, il en appelle précisément à l'argument moral pour mettre son frère et son père en accusation : « Tu festoies avec celui qui a gaspillé ton bien chez les prostituées, tandis que je travaille sans désobéir à ta volonté. Tu n'agis pas selon le principe des mérites, **tu es injuste** », dira-t-il à son père.

Mais était-ce la volonté définitive du père que son premier fils travaille aux champs avec les ouvriers ? Certes non. Elle n'était qu'une volonté primaire, encore intermédiaire, imparfaite. Et c'est là précisément qu'est la perte de ce fils : l'aîné donne aux lois du bien et du mal l'attribut d'éternité. Où se trouve l'œuvre parfaite du père ? Lorsque celui-ci, peu de temps avant le retour de son jeune fils, « alors qu'**il était encore loin**, l'aperçoit, puis ému dans ses entrailles, court se jeter à son cou pour le couvrir de baisers. » **Le père est donc parti dans le lointain à la rencontre de son fils.** Il quitta son domaine, les cieux, pour partager un temps l'exil de son fils et anticiper son retour ! N'était-ce pas plutôt là, à ses côtés qu'il aurait aimé voir son autre fils, l'aîné ? Or ce dernier ne se préoccupait que d'obéir à sa logique, c'est-à-dire préserver son héritage matériel qu'il croyait spirituel. L'aîné s'occupait de lui-même quand le père se sacrifiait pour son fils disparu. Non seulement il n'y a pas équivalence de volonté entre le père et le premier-né, mais il y a là deux volontés et deux intentions contraires — deux façons de vivre qui s'opposent !

Le texte reste silencieux sur ce que fit par la suite l'aîné ; la parabole met en exergue la bonne nouvelle plutôt que le jugement. En effet, le père exhorte son fils aîné sans attiser sa jalousie : « Toi, mon enfant, tu es toujours avec moi et tout ce qui est à moi est à toi », puis il met en avant la fraternité retrouvée : « Il fallait festoyer et se réjouir, parce que ton frère que voici était mort et il est vivant, il était perdu et il est retrouvé. » Et cependant... Il y a un relent désagréable dans ce **« il fallait... car il était et il est »**. Tout d'abord, la fête est finie, elle est passée. Et le fils aîné l'a ratée. Ensuite, la position du jeune fils est incontestable, elle est protégée par le père lui-même qui n'accepte pas qu'on la remette en question : « Il est vivant, il est retrouvé. »

Ainsi, cachée dans le récit, une question se pose inévitablement. Car l'événement de retour du plus jeune fils et l'attitude inattendue du père a mis l'aîné en face d'une **révélation** : sa justice morale est absurde, elle s'avère inutile et obsolète pour ce qui regarde le monde-à-venir. Bien pire, lui-même est désormais condamnable ! Par son égoïsme voilé sous sa loi, il refusa la compassion divine qui transforma le « débauché » en fils accompli. Ce témoignage de la conscience aurait dû lui permettre de se jeter au cou du père pour être **libéré de ses préjugés raisonnables** ; il n'en fut rien. Le fils aîné n'accepta pas de renier la vieille justice des commandements, aussi n'alla-t-il pas festoyer. Il ne voulut pas justifier son frère gratuitement bien que ce dernier ait reconnu son égarement avec larmes et supplications. Que fera-t-il dès lors ? Se rendra-t-il ennemi du père et du fils ? Va-t-il élever sa propre justice au-dessus de celle du père ? Niera-t-il sa divinité ? Dira-t-il que le tribunal du bien et du mal est la justice parfaite, et que Dieu est incapable de surpasser les esprits de vengeance ?

L'histoire de l'humanité se lit, pourrait-on dire, comme les épisodes faisant suite à cette parabole. C'est ici que la tournure des événements s'aggrave tragiquement. **La colère de l'aîné évoquée par le texte constitue en quelque sorte sa teneur prophétique**, car cette colère ne s'est jamais tue en 2000 ans. C'est en craignant la vengeance des lois que le christianisme établi, symbolisé par le fils cadet, s'est finalement allié aux fils aînés ! Il est entré dans le compromis. Il s'est soumis à la justice de feu qu'enseignent les lois de la raison. Les philosophes antiques, qui avaient transformé le vieux paganisme en morale et en connaissances savantes, furent d'abord reçus avec honneur dans la théologie chrétienne. Par suite, ses héritiers ont acquis de nos jours une large part dans l'église : l'humanisme, les sciences humaines, sociales, cognitives, le droit politique... et enfin, la mondialisation des croyances cachée sous l'œcuménisme, sont là autant de levains dans la pâte d'origine.

À partir de « l'âme de l'église », le christianisme s'est allié aux nations, c'est-à-dire aux « âmes des peuples » (*volksgeist*), tendant toujours plus vers le totalitarisme final qu'est « l'âme du monde » (*weltgeist*). Ou, pour reprendre des propos de l'UNESCO : « Là où était le **Je**, le **Nous** doit advenir[1]. » CHESTOV, quant à lui, exprimera cette pensée des totalitarismes de la manière suivante :

> Toute notre activité terrestre se ramène à faire ressortir le général et à dissoudre en lui le particulier.

---

[1] Cité par ALAIN FINKIELKRAUT dans *La défaite de la pensée*, Folio essais, 1987.

> Notre existence sociale – or l'homme est obligatoirement un animal social puisqu'il ne peut être un dieu et ne veut être une bête – nous impose à l'avance un « être général ». Nous devons être acceptables pour notre milieu.[2]

C'est ainsi que le fils cadet a rendu sa culpabilité bien plus aiguë que celle du fils aîné. Car si l'aîné n'entra pas dans la fête, le christianisme y est entré et a subverti **de l'intérieur** la bonne nouvelle ! Il a fait cohabiter la justice morale avec la compassion insensée du père, il a mêlé à la folie prodigue du père la raison lâche et prudente des fils de la loi. Il s'est livré à cette pâte métaphysique où la vérité est définie en tant que **relativité absolue.** Il a tué la vérité en tant que valeur unique, là où chaque-Un est précisément une sortie de l'espèce, une sortie du général. En termes théologiques, il a fusionné la grâce et la loi. Le christianisme vulgaire a commis le plus grand crime qui soit : « **Il est allé en reculant** » disait Kierkegaard, et « **il est ainsi devenu un paganisme.** »

Or, nous dit la parabole, le jeune fils, lorsqu'il manqua du nécessaire « alla se mettre au service d'un des citoyens du pays qui l'envoya dans ses champs garder les cochons ». De fait, en reculant, le christianisme est devenu « acceptable à son milieu », **il ne scandalise plus.** Après avoir été d'abord employé politiquement à engraisser les Nations – les cochons – et à les faire briller, il devint acceptable : telle est sa victoire ! C'est-à-dire qu'il reçut lui aussi le titre de citoyen et propriétaire terrien. Ainsi élevé à l'honneur de maître et surveillant protecteur, lui aussi emploie désormais « les repentis » pour élever la conscience morale, pour que le

---

2 Léon Chestov, *Sur la balance de Job*, IIe Partie, 32 : Au commencement...

monde se confie aux chimères du bien contre le mal... au pied du vieil arbre. Ces « repentis », qu'on nomme aussi « convertis », sont ceux-là même qui souffrent de la famine spirituelle et qui sont privés de la liberté de l'esprit par la nécessité des lois. Ils ont été plongés dans l'adversité lors d'une séquence de vie difficile, aussi pensent-ils trouver un peu de douceur dans l'illusion de prospérité et de bonheur que proposent les églises et autres sagesses terrestres. C'est ici qu'est mentionnée **la pulpe douceâtre du caroubier**. Cet aliment mielleux, comme une sécurité raisonnable, alimente les faux-prophètes qui prédisent la paix du monde présent. Pourtant, à l'ombre de l'arbre ecclésiastique et sous les larges feuilles de l'esprit de corps, **quelques-uns des fils prodigues** n'arrivent pas à trouver l'espérance promise auprès des devins de la paix : « Il ne se trouve personne pour leur procurer cette consolation. »

Ils entreront dès lors en eux-mêmes : ils sortiront ! Ils rejoindront la Vérité dernière qu'ils ne trouvent que dans cette connivence intime avec le père — au-delà des vérités générales et du miracle religieux. Car si la douceur du caroubier ne leur convient pas, c'est parce qu'ils savent que se prépare pour eux une fête sans pareille **derrière le tombeau vide**. Dans le monde-à-venir les attendent des vêtements neufs et une dignité nouvelle. Cette liberté-là, cet amour déraisonnable, n'en sentez-vous pas l'odeur spirituelle en vous-mêmes ? Comment croyez-vous que le Christ ait pu parler du veau gras sans être le maître d'œuvre de ce repas qu'il offrira aux siens ? Et comment pensez-vous entrer dans cette fête si le père ne vous ouvre ? Et où croyez-vous que soit le père si ce n'est caché dans son exil ? Le père est le Christ : Dieu est un.

Les conviés rejetés
À partir de Luc 14$^{12\text{-}24}$

Rappel du texte de Luc 14$^{12\text{-}24}$

^{12} Il dit aussi à celui qui l'avait invité : Lorsque tu donnes à dîner ou à souper, n'invite pas tes amis, ni tes frères, ni tes parents, ni des voisins riches, de peur qu'ils ne t'invitent à leur tour et qu'on ne te rende la pareille. ^{13} Mais, lorsque tu donnes un festin, invite des pauvres, des estropiés, des boiteux, des aveugles. ^{14} Et tu seras heureux de ce qu'ils ne peuvent pas te rendre la pareille ; car elle te sera rendue à la résurrection des justes. ^{15} Un de ceux qui étaient à table, après avoir entendu ces paroles, dit à Jésus : Heureux celui qui prendra son repas dans le royaume de Dieu ! ^{16} **Et Jésus lui répondit** : Un homme donna un grand souper, et il invita beaucoup de gens. ^{17} À l'heure du souper, il envoya son serviteur dire aux conviés : Venez, car tout est déjà prêt. ^{18} Mais tous unanimement se mirent à s'excuser. Le premier lui dit : J'ai acheté un champ, et je suis obligé d'aller le voir ; excuse-moi, je te prie. ^{19} Un autre dit : J'ai acheté cinq paires de bœufs, et je vais les essayer ; excuse-moi, je te prie. ^{20} Un autre dit : Je viens de me marier, et c'est pourquoi je ne puis aller. ^{21} Le serviteur, de retour, rapporta ces choses à son maître. Alors le maître de la maison **irrité** dit à son serviteur : Va promptement **dans les places et dans les rues** de la ville, et amène ici les pauvres, les estropiés, les aveugles et les boiteux. ^{22} Le serviteur dit : Maître, ce que tu as ordonné a été fait, et il y a encore de la place. ^{23} Et le maître dit au serviteur : Va dans les chemins et le long des haies (clôtures), et ceux que tu trouveras, **contrains-les** d'entrer, afin que ma maison soit remplie. [24]Car, je vous le dis, **aucun** de ces hommes qui avaient été invités **ne goûtera de mon souper**.

🖋

Le Christ lui-même avait bien des difficultés à se faire comprendre tant le mal-entendu et l'ambiguïté sont le propre de l'homme. Notre oreille a en elle un filtre naturel qui transforme la vérité en autre chose : en un mensonge. C'est pourquoi le mot suivant de Maurice Blanchot aurait bien pu être prononcé par le Nazaréen il y a vingt siècles : « Je vous supplie de le comprendre, tout ce qui vous vient de moi n'est pour vous que mensonge, parce que je suis la vérité. »

« Heureux seras-tu d'inviter à ta table ceux qui ne pourront te rendre tes repas, dit en substance le Christ, car on te les rendra à la résurrection » ; et l'un des auditeurs présents de commenter aussitôt : « Heureux celui qui aura part au repas du royaume de Dieu ! » En réutilisant habilement le « heureux », il semble que cet homme veuille interpréter ainsi la pensée prophétique du Nazaréen : « Dieu te rendra tes repas en te faisant une place au repas de la résurrection. » Pensez-vous que je conclue à la hâte sur ce que voulait dire cet auditeur ? Que la chose n'est pas aussi claire ? « Il est possible, me répondrez-vous, que cet homme eût simplement compris que le repas de la résurrection était ce qui comptait *réellement*, bien plus que les repas terrestres. » Il se peut que vous ayez raison. La question reste donc posée ; ce qui expliquerait d'ailleurs que le texte nous dise aussitôt : « Et Jésus lui répondit. » Car assurément, on ne répond que lorsqu'une question se pose, aussi l'auditeur était-il en effet dans l'interrogation et la recherche plutôt que dans l'affirmation catégorique. Il se plaçait probablement dans ce rapport habituel qu'avait alors le disciple vis-à-vis du maître : dans **la controverse et le débat**. Dans ce type d'enseignement, l'interdit de questionner n'avait pas lieu d'être, car il aurait condamné le disciple à n'être qu'un double du maître. Un tel interdit n'était utile qu'aux mauvais maîtres.

Cette attitude de face à face se retrouvera d'ailleurs tout au long de la tradition juive, tant dans la communication du savoir que dans l'enseignement religieux ; ce sont par exemple les « pilpouls » talmudiques : les joutes interprétatives ; ou encore la « mahloquêt » : le désaccord et la divergence entre les sages. « La mahloquêt, précise MARC-ALAIN OUAKNIN, garantit l'impossibilité de l'enfermement dogmatique. [...] Seul le questionnement peut encore nous sauver » (*Lire aux éclats*, avant-propos). Hélas, hélas ! c'est précisément ce débat d'idées et cette confrontation des interprétations qu'a abandonnés l'enseignement ecclésiastique. Bien pire, « questionner c'est douter, dira l'église : c'est pécher. » On ne questionne pas l'autorité qui dispense une doctrine dont l'infaillibilité n'est plus à discuter. Où s'enracinent l'ambiguïté et le malentendu selon vous ? N'est-ce pas dans ce sol maudit qu'est l'**INTERDIT DE QUESTIONNER** ? Car en laissant en suspens la question, on interdit, non seulement à Dieu d'ouvrir de nouveaux horizons, mais aussi à celui qui cherche de les voir s'ouvrir en lui-même. Son seul horizon sera les barreaux d'une doctrine qu'on a pensée pour lui au préalable — pour qu'il cesse d'interroger.

Telle n'était pas l'attitude du Christ : « Et Jésus lui répondit... » par une parabole. Il déjoua ainsi le malentendu et l'ambiguïté, ces talents naturels qu'a l'oreille humaine lorsqu'elle met ainsi la pensée prophétique au niveau des logiques de la réalité : « Je donne des repas de mortel pour qu'on me donne en retour le repas de l'immortalité. » Fort heureusement qu'un homme osa interpréter et questionner en face le Christ ; cet homme qui prit le risque de dire son *mal-entendre* afin de pouvoir *mieux-entendre*. Non seulement il ne fut pas repris et méprisé, mais il fut même récompensé par une parole lui ouvrant plus largement un horizon, ou bien qu'il ne voyait pas, ou bien qu'il supposait, mais seulement de manière floue. Il fit la joie de son maître, et sans lui nous n'aurions pas reçu en héritage cette parabole du Nazaréen.

Il faut donc questionner la parabole. Pourquoi donc l'*homme d'affaires* qui vient d'acquérir un champ, le *technicien* qui fait travailler ses bœufs, et l'*humaniste* qui est consacré à son mariage n'acceptent-ils pas l'invitation de la résurrection ? Parce que l'invitation est *gratuite* et ne demande pas à être rendue. Elle est donc méprisable. Elle ne peut être à leurs yeux divine. Faire marcher une affaire est le fruit d'un travail sérieux ; acquérir de la terre ses richesses est la conséquence d'une recherche technologique adéquate ; et l'unité humaine est le résultat d'un sérieux politique et d'efforts continuels. La bénédiction ne tombe pas gracieusement du ciel et nos trois justes le comprennent parfaitement : « Le salaire est le mérite d'un travail, disent-ils, de même ne peut-on recevoir la résurrection si celle-ci n'est pas méritée selon des œuvres à hauteur du but visé. » Cette invitation gratuite n'est dès lors pour eux qu'une supercherie. Ils la refuseront dans un mépris condescendant, c'est-à-dire de manière courtoise, car le juste est toujours courtois. Pourquoi Dieu se tourne-t-il à cet instant vers les pauvres, les malades et les paumés ? Parce qu'il sait qu'il est impossible à l'homme d'entrer dans la résurrection **s'il n'y est pas contraint** ; il ne peut y entrer de sa propre initiative. Lorsqu'un homme entend la vérité, il entend un mensonge, une supercherie, aussi faut-il briser son entendement enraciné dans le mal-entendu. Aucun de nous n'est en effet capable de concevoir que **LE MEILLEUR** puisse être donné sans payer le moindre centime ; et notre nature nous pousse tous à entendre que le meilleur, c'est-à-dire Dieu, ne s'oppose jamais à la justice de la réalité, qu'il la défend au contraire bec et ongles, bénissant ainsi les entrepreneurs, les travailleurs et les humanistes. Mais la supériorité du désespéré sur le juste, c'est précisément que son mécanisme du mal-entendre est en train d'être brisé ; voilà pourquoi c'est vers lui que Dieu s'approche.

Qui est le désespéré finalement ? C'est l'homme d'affaires qui a été démuni de tout ; c'est le scientifique qui a perdu foi en la science ; c'est l'humaniste qui n'espère plus en l'homme. C'est le riche réalisant sa pauvreté intérieure, le sage prenant conscience de n'être qu'un abruti aveuglé par la logique, et le mondain qui dans sa solitude contemple enfin les profondeurs de l'égoïsme humain. Une nouvelle réalité s'est ouverte ; et les voilà **CONTRAINTS** de penser autrement. Concevant enfin que l'impossible est possible, ils tendront vers l'injustice, vers l'irréligion : vers Dieu et sa « saugrenue » gratuité. Leurs yeux s'ouvrent doucement : « Si le meilleur ne m'est pas donné gracieusement, jamais je n'y entrerai, pensera chacun d'eux. » Ils abdiquent. Ils basculent dans la foi. Ils acceptent l'invitation.

Lorsque l'invitation avait d'abord était refusée, « le serviteur fut témoin de l'irritation de son maître », nous dit le texte (v. 21). Or, « le serviteur » représente les forces de la réalité, ce que l'Écriture a coutume d'appeler « les anges ». C'est la vérité du réel, celle en laquelle les justes se confient : la vérité du mérite. Celle-ci a soudain dévoilé au juste la vérité sur lui-même, la vérité intérieure, subjective, tandis qu'il était jusqu'alors uniquement obsédé par la vérité évidente, objective et extérieure. Ainsi ont-ils été forcés par les anges, ces êtres rigides à l'évidence intransigeante et pour qui deux et deux font quatre ; pour qui la question à ce sujet est interdite. Le second groupe de la parabole, les désespérés, c'est finalement **UNE PARTIE** du premier groupe quelques années plus tard. Et leur passage de la catégorie du bonheur à celle du malheur est issu de la même source, de la même logique des punitions et des récompenses, de la même doctrine en laquelle ils croyaient. Leur mise en échec est de ce fait un grand profit, car elle ne leur a pas seulement fait découvrir une terrible vérité sur eux-mêmes, elle leur a surtout fait découvrir que le meilleur, c'est-à-dire Dieu, se tient au-delà de cette mécanique non-humaine, bien qu'il règne sur elle. Ne pas connaître cette mise en échec, voici la malédiction ; c'est de s'accrocher au bonheur comme s'il était divin et de ne jamais attirer sur soi l'irritation de l'ange ; c'est à propos de tels hommes que le maître dit à son serviteur : « Que ces conviés soient rejetés. Qu'ils goûtent autant qu'ils le veulent aux joies terrestres, mais que jamais ils ne goûtent à mon souper » (v. 24).

Un monde tout-autre s'ouvre désormais aux désespérés que l'impossible est en train de faire renaître, un monde où rien ne dépend du mérite et de sa machinerie de causes et de conséquences, un monde où la relation prime sur tout : « Je te donne, parce que je t'aime ; et tu le reçois, parce que tu m'aimes. » Ils sont ainsi invités à une table à-venir, la table de la résurrection, mais sans qu'ils puissent rendre la pareille, parce que tout ce qui est divin **NE SE PAYE PAS**. Ce qui est divin, c'est cette assurance que l'autre m'aime comme lui aussi connaît que je l'aime. Devant une telle assurance, les plus hautes certitudes tremblent ; la réalité peut fort bien s'effondrer si les amants désirent que deux et deux fassent mille. « Que le monde s'écroule, mais que je boive mon thé », disait Dostoïevsky. Que feront dès lors les sans-avenir qui par la foi retrouvent un avenir que ni la terre ni le ciel ne pourront leur ôter ? Ils feront de même. Ils inviteront ceux qui ne peuvent leur rendre la pareille ; témoignant, eux aussi, à leur humble niveau, que tout ce qui est divin ne se paye pas.

Que veut donc dire le Christ désormais lorsqu'il annonce que les repas que ces hommes auront donnés leur seront rendus ? Mais voyons ! De quel repas auraient donc besoin ceux qui ont déjà reçu le pain de l'immortalité ? Mais tout simplement d'aucun ! Ils ne désirent qu'une chose : que ceux qu'ils ont invités à leurs tables ici-bas puissent un jour s'attabler avec eux à la fête extraordinaire du royaume des cieux.

Ne vois-tu donc pas, cher lecteur, qu'il n'est pas question d'un repas de pain dans cette parabole, mais d'un repas de paroles, et de rencontres avec ceux qui cherchent désespérément l'impossible ; car « l'homme ne vivra pas de pain seulement, mais de toute parole qui sort de la bouche de Dieu » (Mt 4[4]). Cesse donc tes œuvres, et **PARLE**, et puisse tes paroles êtres inspirées du Christ, car si tel est le cas, elles te seront rendues par le sourire de tes frères.

ÉPILOGUE

La porte des fruits
Qui vient

Il existe une Porte, au fond des profondeurs de soi — loin, très loin de la surface habituelle sur laquelle nous porte la vie dès notre naissance. Une Porte qui se trouve au-delà du fleuve du sang.

Là, au fond de sa propre vie particulière, là où aucune lumière du jour ne vient, là où le soleil n'a pas sa place. Là, se trouve une Porte.

Immense, majestueuse Porte.

Elle est faite de bois rares présentant une noble patine. Son épaisseur la rend si solide qu'aucun effort ne semble jamais pouvoir forcer son ouverture. Elle est aussi très haute et d'une largeur surprenante. De plus, elle est comme dissimulée — couverte par un feuillage tombant, dense, chamarré et subtilement aromatisé. On devine, sous les végétaux, un fin travail de marqueterie, fait de motifs inexprimables, de sculptures en relief ou en creux, fort habilement maîtrisé par l'ébéniste. L'huile parfumée qui enduit ses gonds se mêle agréablement aux essences de ses bois sculptés, ainsi qu'aux senteurs fruitées du fameux arbre à la ramure enveloppante.

Étrangement, cette Porte est sans poignée et ne présente aucune serrure. Et, plus bizarrement encore – bien que lourde et imposante – elle n'offre pas de résistance ! L'homme ou la femme exténué-e, qui l'aura atteinte, la poussera de son épaule ou de ses mains sans qu'une réelle force contraire ne les décourage.

Docile, elle s'entrouvrira.

De quelques centimètres d'abord, comme ayant reconnu celui ou celle qui aura atteint ce lieu — le Tréfonds. De la fine embrasure qu'offrira alors la Porte entrouverte, surgira, soudain, douce et solide, ayant l'apparence d'un éclat inconnu — une lumière nouvelle. Cette luminosité vivante et pleine de forces, bien qu'elle ne brûle ni n'aveugle, aidera alors l'aventurier à élargir ce premier entrebâillement. Et la Porte glissera petit à petit sur ses gonds, jusqu'à l'ouverture entière !

Ce chatoiement serait-il celui d'un Être qui invite le voyageur à continuer son geste ? À ne jamais cesser ; à pousser la Porte jusqu'à ce qu'elle finisse sa course sur ses gonds ?

Alors ! Osant franchir le seuil, et affirmant ainsi son « étonnant » cheminement — au-delà des limites — l'Être humain fera le dernier pas. Et ce pas, c'est celui du Commencement.

Et, pénétrant de tout son corps dans la vivifiante splendeur irisée, il s'enveloppera de la lumière de l'Arbre de Vie.

Déjà, il se transforme.